从生活常识的角度看懂财务报表

朱菲菲◎编著

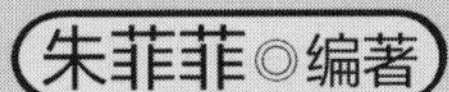

中国铁道出版社有限公司
CHINA RAILWAY PUBLISHING HOUSE CO., LTD.

内 容 简 介

本书与以往的财务报表书籍有较大不同，具体在于本书是从生活常识的角度去解读财务报表，从一个个生动的故事或日常案例中，通过对比分析，让读者轻松理解财报知识。本书内容具体包括财务基础知识，资产负债表、利润表、现金流量表、所有者权益变动表以及附注的详细说明和解读，如何合并企业的财务报表，重要财务项目说明，以及对虚假财务报表、财务陷阱和陷阱规避等。

本书的读者主要针对财务知识零基础的初学者和非财务专业的公司管理者、经营者、股东和投资人，帮助他们快速看懂公司的经营状况和财务成果，同时对有一定财务基础的专业人士而言，在解读财务知识方面更是锦上添花。

图书在版编目（CIP）数据

从生活常识的角度看懂财务报表/朱菲菲编著.—北京：中国铁道出版社有限公司，2020.6

ISBN 978-7-113-26827-5

Ⅰ.①从… Ⅱ.①朱… Ⅲ.①会计报表-会计分析Ⅳ.①F231.5

中国版本图书馆CIP数据核字（2020）第066821号

书　　名：从生活常识的角度看懂财务报表
CONG SHENGHUO CHANGSHI DE JIAODU KANDONG CAIWU BAOBIAO

作　　者：朱菲菲

责任编辑：张亚慧　　**读者热线：**(010)63560056

责任印制：赵星辰　　**封面设计：**宿　萌

出版发行：中国铁道出版社有限公司（100054，北京市西城区右安门西街8号）

印　　刷：北京柏力行彩印有限公司

版　　次：2020年6月第1版　2020年6月第1次印刷

开　　本：700 mm×1 000 mm 1/16　**印张：**16.25　**字数：**223千

书　　号：ISBN 978-7-113-26827-5

定　　价：59.00元

前言

大多数人对于数字有一种天生的敏感，这些数字可能代表收入、消费，也可能代表家底。我们每天都在和数字打交道，对于个人或者家庭来说，这些数字可以汇集成各种流水账、家庭收支表和家庭财务报表；而对于企业来说，这些数字可汇聚成四大财务报表及附注。

财务报表难吗?

难，无论是编制还是解读都难。但是我们可以用生活常识去解读甚至化解这些难题，就好像江湖中那些武林高手，顶级的武功来源于平常生活。

无论对于家庭还是企业，财务报表都占据着很重要的地位，掌握如何用生活常识去解读复杂的报表就显得尤为重要。

身为上班族，读懂财报不仅可以更好地管理日常生活及规划理财，而且在一定程度上对于升职加薪也是加分项；身为公司的管理者，读懂财报才能实现更好的管理，并将管理提升一个台阶；身为企业的老板，更应该了解并读懂财务报表，这样才能清楚了解企业的经营状况及经营成果，了解企业的盈利能力、偿债能力、营运能力和发展能力等，并及时发现日常经营问题，制定相应的解决方案，实现企业利润最大化、风险最小化，并拥有长期、稳定的获利能力。

面对庞杂的财务知识体系，我们应该如何入手了解并看懂财务报表呢?为此，我们编著了本书。通过对本书的阅读，可以帮助读者学会通过生活常识去编制并填写财务报表，同时还可以了解公司对日常经营发生的账务进行简单账务处理的方法，使生硬的数据简单化。

本书共 8 章，可大致划分为 5 个部分。

- 第一部分为第 1 章，这部分主要对财报编制前的基础知识进行介绍，如会计编码、会计账簿、会计等式、适合看财报的人群以及财报包括的基本内容等，从最简单的财务知识入手，让读者打好基础。
- 第二部分为第 2 ~ 5 章，这部分从生活常识中引入几大报表，详细介绍了资产负债表、利润表、现金流量表和所有者权益变动表，通过对这部分内容的学习，可以帮助读者详细了解各大报表中的重要项目及主要指标，以及它们代表的具体含义。
- 第三部分为第 6 章，这部分主要对如何合并企业的财务报表进行了详细说明，将复杂的报表合并工作生活化、简单化。
- 第四部分为第 7 章，这部分主要对财报中那些与我们日常生活息息相关的一些重要财务项目进行简单说明，将财务知识生活化、对比化，便于读者更好地理解和把握。
- 第五部分为第 8 章，这部分主要对虚假财务报表进行简单的讲解，通过对本章内容的学习，可以让读者学会各种报表陷阱的识别方法，从而更清楚地掌握公司的财务情况，避免公司财务人员制作假账。

本书的优势在于从日常生活的角度出发，用生活的常识、数据的对比来展示财务报表的各种实用知识，并利用丰富的故事、案例、表格和图示增加了趣味性，让读者在一种轻松有趣的阅读氛围中学习财务知识。

最后，希望所有读者都能从本书中学到想学的知识，快速打破财务壁垒，轻松看懂财务报表。

编 者

2020 年 3 月

目录

第 1 章　初起步，报表小常识先掌握

第 2 章　企业有多少家底，看资产负债表

第 3 章　企业真的在赚钱吗，查利润表

第1章

初起步，报表小常识先掌握

财务报表不仅是企业最基本、最重要的一种信息披露方式，也是日常生活中收支的反映手段。在我们的日常生活中，财务已经成为生活中不可缺少的一部分，即使作为全职太太，衣食住行也都离不开相应的财务数据，何况是在各企业、各职能部门工作的人员。我们每天都在主动或者被动地接受相应的财务信息，如企业上市、楼价上涨和股票涨跌等财经分析，所以对财务知识进行基本的了解、看懂相应的财务报表等已经和我们外出购物、刷微信或支付宝一样常见了。

对于非专业的财务人员来说，财务报表晦涩难懂，本书将对财务报表做生活化剖析，从本章开始，由最简单的财务知识入门，如会计常识、财报来源、财报组成和财报附注等，为非专业财务人员学习财报知识打下坚实的基础。

会计编码——解开财务报表数字小秘密

炒股的朋友都知道，如果有人告诉你“688×××”还不错时，“688×××”就代表着某只被看好的股票，每只股票都具有其对应的代码。在财务报表中，同样具有这样的“代码”，会计学上我们称之为“会计编码”。

会计编码是根据相应的会计科目分类进行相应的次序编列，主要由数字、文字和圈点等构成，简单以案例说明如下。

李女士在工作几年后，和两个要好的闺密开始创业，在创业初期，由于资金有限，招收的员工也有限，因此财务出身的李女士在分管业务的同时，还兼管一定的财务工作，当公司正常运转以后，公司开始招募相应的财务人员。

李女士在面试时只问了一个简单的问题：可以简单说明一下报表中“22210103”代表着什么吗？面试者A说代表着“负债”，面试者B说代表着“增值税”。

关于“22210103”，谁的答案是正确的呢？首先从表1-1说起。

表1-1　资产类会计科目表

科目代码	科目名称	类别	方向	外币核算	期末调汇
1001	库存现金	现金	借	所有币种	是
1002	银行存款	银行存款	借	所有币种	是
110101	本金	流动资产	借	所有币种	是
11010101	股票	流动资产	借	所有币种	是
……	……	……	……	……	……

一般来说，会计编码根据相应的会计科目及子科目设置而成，首先预定“千、百、十、个”4位数字，并且是从左往右排列，分别代表着大类、项目、科目和子目，不同的千位数字则以1、2、3、4、5、6来代表，对应资产类（1）、负债类（2）、共同类（3）、所有者权益类（4）、成本类（5）和损益类（6）。

是不是很复杂，没关系，看表1–2就明白了。

表1–2　会计科目表

科目代码	科目名称	类别	方向	外币核算	期末调汇
1001	库存现金	现金	借	所有币种	是
110101	本金	流动资产	借	所有币种	是
11010101	股票	流动资产	借	所有币种	是
……	……	……	……	……	……
2221	应交税费	流动负债	贷	不核算	否
222101	应交增值税	流动负债	贷	不核算	否
22210103	减免税款	流动负债	贷	不核算	否
……	……	……	……	……	……
3101	衍生工具	共同	借	所有币别	是
3201	套期工具	共同	借	所有币别	是
3202	被套期项目	共同	借	所有币别	是
4001	实收资本	资本	贷	不核算	否
4002	资本公积	资本	贷	不核算	否
410411	未分配利润	累计盈余	贷	不核算	否
……	……	……	……	……	……
5001	生产成本	生产成本	借	不核算	否

续表

科目代码	科目名称	类别	方向	外币核算	期末调汇
5301	研发支出	生产成本	借	不核算	否
……	……	……	……	……	……
6001	主营业务收入	收入	贷	不核算	否
6051	其他业务收入	其他收入	贷	不核算	否

如上所示的会计科目表只进行了简单列示，其中省略号是因篇幅限制省略掉的一些会计科目。具体可根据新会计编码表进行相应的查询。

通过上表，我们就可以找到上例李女士提问中的“22210103”的答案了，报表中“22210103”具体就代表企业的负债——应交税费——应交增值税——减免税款。

因此，不管是面试者A还是B都没有答对。通过了解不同的会计编码，不仅可以帮助我们解决一些日常生活中遇到的财务问题，发现一些财务报表的数字奥妙，更是为我们后面编制和填写会计报表打下基础。

会计账簿——常识错误不要犯

自古以来，从商业兴起，账房先生便被人们尊重及铭记，低调、内敛、精算，走出家族活跃商业，账房先生管账管钱，一把算盘算尽兴旺。

小时候我们也经常会听长辈说这句话：“用了多少钱，记个账。”后来我们长大了，工作了，随着手机网络及各种记账APP的出现，我们也学会了记各种流水账，记录一个月的各种收入及开销，最终做成简单的账簿。这样的账簿在会计学上就相当于会计账簿。

会计账簿好不好，常见错误要免了，看下面两个小故事。

【例 1】

章雪是一名即将毕业的会计专业的大学生，在最后一个学期到姑姑的朋友公司实习，在实习的第一天就正赶上公司开始做月末结账，于是财务经理让章雪编制一份试算平衡表，通过同事提供的相应资料，章雪很快将试算平衡表编制完成交给经理，并告诉经理记录完全正确。在经理思考的时候，同事小 A 拿着一张凭证说，这个月的账核对完了，但是有一笔记录错了。

章雪再次核对，总费用是 40 000 元，但当时记账人员却登记的是 4 000 元，少记录了 36 000 元，面对这种情况，章雪在惭愧自己马虎的同时不知道要怎么办了，最后小 A 告诉她，进行错账更正就好了。

【例 2】

吴先生在城郊开了一家理发店，自己算在内有 4 名员工，每月房屋租金 10 000 元，平均消费每天每人在 300 元左右，开业的前 3 天，由于开业大酬宾，客人还多，3 天过后便渐渐稳定下来。吴先生每天记账，到月底再汇总一次。

由于现在消费者大多通过微信或支付宝付款，而微信和支付宝自身能进行简单记录，因此吴先生再将相应的数据进行具体分类记账即可。在月底进行简单的记账统计后发现，扣掉房租、人工和管理费用等，本月还亏损 10 000 元。

这让吴先生很着急，于是想了一系列办法拓展业务，包括老客户介绍、朋友圈转发和传单营销等，第二个月收入有所增加，然后在月底清账时，妻子才告诉他上月用他的支付宝还了一笔贷款，忘记告诉他了。那笔贷款金额为 10 000 元。

对于章雪和吴先生的错账，就是典型的错记和漏记，不能说谁导致的情况更严重，只能说一旦没有及时更正，那么在最终做成财务报表时，将会影响最终的资产、收入与负债，所以账簿登记一定要严谨、及时、准确。就好像我们的每日记账，即使是充公交卡 100 元、吃饭 50 元和看电影 50 元，也要记录在册，否则月底收支会不平衡。

吴先生从开店准备到对于收入、支出、花费的记录再到最终对账、结账和财报的生成，就是一个会计核算的过程，这种个体的财报相对简单。而对于企业会计的财报，则因为涉及的项目较多，所以相对会更复杂，但无论是简单还是复杂，我们只要记住一个公式就对了：会计恒等式。

古代便出现“会计司”，有名的“四柱清册”便出现了，即“旧管＋新收－开除＝实在”。用现代的会计法则去理解该公式，“旧管”即“期初余额”，“新收”即“本期增加额”，“开除”即“本期减少额”，“实在”即“期末余额”。相对来说，从字面意思来理解，当代的会计恒等式更简单。

会计恒等式可以视为财报里的天平，将财报各大项目摆在天平两端实现平衡，会计恒等式又可理解为一种数学等式，是记账和编制报表的理论依据。

在不同的报表中，运用的会计恒等式不同，一般在资产负债表中常用的就是“资产＝负债＋所有者权益”等式，而利润表中我们就可以用到“收入－费用＝利润”等式。对于这几个等式，在此不做详细探讨，在后面讲述报表填写的内容时，我们将结合报表一起进行具体说明。

那些适合看财报的人群

看懂财报是会计的事？是财务总监的事？还是老板的事？作为一般的个

体就不需要看懂财务报表了吗？

你是王先生还是李先生？

【例 1】

王先生今年 28 岁，毕业后在 A 公司做平面设计工作，月薪约 8 000 元，每个月都固定地从工资卡中转出 1 500 元用于购买某银行基金。

在某个周末聚会，大学同学刘先生向他推荐了他所在公司的一款理财产品，投资 10 000 元，从第一个月起就分红 700 元，刘先生还将自己投资的本金以及每个月盈利展示给他看，最终经不起刘先生的多次劝说，加上最近为了给女友一个生日惊喜，于是购买了一份 10 000 元，3 年期浮动分红的某产品。

第一个月，王先生的手机到账 721.35 元，第二个月到账 432.17 元，然后第三个月的时候，手机没有任何到账信息，刘先生也开始联系不上，于是到刘先生公司一看，已经关门，有很多被骗的受害者都上门找人。

【例 2】

李先生今年 28 岁，在一家文化公司做市场工作，平均月入在 15 000 元左右，李先生的表妹在某金融公司工作，在十一长假聚会时向他推荐了一只个股，据说某专家的内部消息看涨，他看了某专家对于该股的各种分析，并没有马上购买。他自己平时工作较忙，对于股市的了解也不多，于是他趁着十一长假的时候，制订了相应的计划，对发行个股的公司进行了全方位的了解，包括历年推出的各种产品、董事会和管理团队等，最详细的就是看企业公布的年度、半年度和季度的财务报表。

虽然他并非财务出身，但因为从事市场工作，所以对数据较敏感，最终他在最新公布的季度报表中发现了一些问题，于是他并没有购买该公司的个股。

一个月后，该股并没有像专家说的看涨，反而开始大跌，而表妹因为相信该专家，亏损了一大笔钱。

王先生为什么被骗亏钱？只是因为盲目相信人情吗？同样是人情推荐的李先生为什么没有亏钱，最根本的原因就是在投资之前，他详细了解了发行股票的公司，重点查看了公司的财务报表。

你的工作与财务无关，你也不喜欢投资，就不用看懂企业的财务报表吗？别开玩笑了，我们的生活处处是财务惊喜或惊吓。看懂财务报表虽不能说获得多大惊喜，但至少会让惊吓少一点。

当我们要了解一个人的身体状态时，各种体检指标是最好的参考，而我们要想了解一家企业的好坏，财务报表便是企业的“体检表”。那么，都有哪些人适合看企业的财务报表呢？

①C公司的股票最近涨涨涨，买不买？大家都在抛抛抛，卖不卖？

买卖之前，分析财报很重要，因为你是股市投资者。

②A公司向你公司申请贷款，同意还是拒绝？

A公司偿债能力是根本，怎么分析？债权人不好做！

③老板问你F项目是否可投？盈利还是亏本？

财务分析和财务决策少不了，财务经理人任务很艰巨。

④快年底了，明年还需不需要给A公司供货？

作为供应商，供货后能不能收回钱很重要！

⑤D公司参与办公用品投标是否合格？

作为政府部门，对该企业是否依法纳税、是否遵守政府法规和市场秩序、职工的收入和就业状况如何等都要进行全面考核，而财报就是大汇总资料。

⑥审计又开始了，审计大纲怎么列？

作为会计师事务所，对企业进行审计时企业的财务数据异动是重点，审

计风险不能忘。

当然，除了如上股市投资者、债权人、财务经理人、供应商、政府部门和会计师事务所等需要看懂企业的财务报表，一般还有企业的客户、经销商、竞争者和员工等与企业的发展紧密联系的人需要看懂企业的财务报表，客观地分析企业的整体经营状况，而不是依靠所谓“专家”意见或者企业内部人士言论。

不同的利益主体所关注的问题是不同的，如企业是亏损还是盈利，侧重点也存在不同。

- ◆ 作为债权人，最关注的是企业的偿债能力。
- ◆ 作为投资者，企业的盈利能力、运营能力、成长能力和偿债能力都很关键。
- ◆ 作为竞争者，企业的运营和成长能力分析是重点关注的内容。

但不管是哪一类人群，关注企业的哪一类能力，都可以通过阅读企业的财务报表来实现。

要想及时阅读企业的财务报表，财报的发布时间要提早知道。一般上市公司需要定期对财务报表进行披露财务报表可以分为年报、半年报及季报，具体时间如下。

年报和半年报

年报具体时间为每年 1 月 1 日至 4 月 30 日；半年报具体时间为每年 7 月 1 日至 8 月 30 日。

季报

季报又可以分为一季报、二季报、三季报和四季报，每个季度的报表发布时间是有规定的。其中，一季报为每年 4 月 1 日至 4 月 30 日；二季报为每年 7 月 1 日至 8 月 30 日；三季报为每年 10 月 1 日至 10 月 31 日；四季报为次年 1 月 1 日至 4 月 30 日。

一般上市公司需要在规定的时间段内披露企业的财务报表，一旦违反相关规定，将受到相应的处罚，如常见的股票停牌、对公司相关人员予以公开谴责等。对于上市公司财报的具体公布时间可以在年报中及交易所的网站上进行查询。

财务报表有哪些成员

如果把财务报表人性化，财务报表就是一个“多口之家”，就让我们一起去拜访一下这个“多口之家”吧。

你常见的“家庭成员”是 A 还是 B ?

【例 1】

李女士大学毕业后一直在一家公司做人力资源的工作，近年来由于职位提升，工资相对有所增加，扣除日常花费和房租，每月能结余 2 000 元。有了这笔结余，她打算用来购买一些理财产品。

最近和同事聊天，同事王某给她推荐了某公司推出的一款基金，起投金额低，风险低，投资周期短，但是她对该公司不是很了解，王某将该公司的官网推荐给她，让她去了解相关信息。

在官网了解了基本信息后，她又关注了该公司发布的年报，她理解财报的重点就是 A 表（这里指的是企业的资产负债表）。

该表主要说明企业的资产和负债有多少，并且还有上一期和当期的对比，如表 1–3 所示是该公司的 2019 年的资产负债表年报。

表 1–3 资产负债表

资产负债表 2019 年 12 月 31 日 编制单位：××× 高新技术产业开发股份有限公司 单位：万元 币种：人民币			
项目	附注	期末余额	期初余额
资产			
物业 / 厂房 / 设备	7	40 794	32 898
土地使用权	8	9 466	7 935
无形资产	13	424	253
应收账款	14	6 029	4 352
……	……	……	……
负债			

相对于 2018 年来说，企业的各项资产都呈现出一种上涨的状态，如企业的土地使用权由 7 935 万元增加到 9 466 万元；企业的无形资产由 253 万元增加到 424 万元；总的应收账款由上一期的 4 352 万元增加到 6 029 万元。

【例 2】

刘先生大学毕业后一直在某公司从事业务工作，工作 7 年后，升职为某区域副总，他带领公司团队开发了当地的几个大客户，一旦合作，公司就将作为供应商给这几家公司供货。

除了手上了解的一些基本信息，他也去了几家公司的官网，重点了解了企业的 B 报表（这里指的是现金流量表），其内容如表 1–4 所示。

表 1-4　现金流量表

现金流量表 2019 年 12 月 31 日 编制单位：×××高新技术产业开发股份有限公司 单位：万元　币种：人民币			
项目	附注	本期发生额	上期发生额
一、经营活动产生的现金流量：			
销售商品、提供劳务收到的现金	35	135 347	79 902
经营活动所得 / 所用现金净额		54 749	150 973
二、投资活动产生的现金流量：			
收购附属公司，扣除已收购现金	40	9 860	37 009
购置物业 / 厂房 / 设备 / 投资物业		9 594	14 369
购买土地使用权		553	373
……			
三、筹资活动产生的现金流量：			

上表主要反映企业的经营活动、投资活动和筹资活动的现金流量情况，通过这个表刘先生就能做简单的分析，从而判断出企业供货给对方以后，能不能收到货款。

财报的“家庭成员”不仅仅只有 A 和 B 代表的资产负债表和现金流量表，另外还应包括利润表、所有者权益变动表和财报附注。我们在看财务报表时也不能只看其中的一张报表。

资产负债表主要就是看企业的家底，企业有多少资产、负债，股东收益如何等信息；现金流量表主要是看企业现金的流进流出情况，一般作为企业的供应商，最关注企业的这一张报表，最起码能知道你供货给他以后他能否收到钱；而企业的利润表，简单说就是反映企业赚了多少钱或亏了多少钱，

但利润表的数字仅供参考，企业是否盈利还要结合几张报表一起参考才准。

所有者权益变动表就是对企业股东权益的变动说明，如股东 A 增资 30 万元，股东 B 今年年底未分配利润 10 万元等；财报附注是对财报内容的一种补充说明和解释，在后面章节我们会详细讲解。

几种常见的财务报表分析小方法

试想一下，如果你打算新合作一家供应商，在签约之前，你需要对该供应商的财报进行分析，那么你会去分析该财报的哪一部分？

A. 企业的利润表？

B. 企业的资产负债表？

C. 企业的现金流量表？

答案不重要，重要的是如何去分析！

【例 1】

詹先生最近有点头疼，因为他是业务出身，主要工作是销售，即使最近升职了，一线销售的工作少了，但他还是不喜欢静下来做数据，偏偏最近老板让他去了解竞争对手信息，并写一份关于对方财务报告的见解分析。

他不知道从哪里开始分析，他想，就资产负债表吧，还比较全面，他通过对方公司的官网发布的信息了解到，对方公司的资产到报告期间，总计为 4 806 348 366.91 元，其中负债合计为 555 636 814.72 元，流动资产合计为 3 321 586 173.32 元，非流动资产合计为 1 484 762 193.59 元。

而根据相应的公式计算，可计算出流动比率、产权比率和资产负债率等，通过这些比率的综合分析，可在一定程度上判断竞争对手的偿债能力如何。

【例 2】

李先生大学学的是市场营销，毕业后主要从事市场方面的工作，随着职位的升迁，他认为懂一点财务知识很有必要，于是业余时间都在自学财务。正好月底，他简单做了一张个人报表，并和企业报表进行了简单比较，如表 1–5 所示。

表 1–5　个人报表与企业报表比较分析

个人财务报表　单位（元）		企业财务报表　单位（万元）	
收入		一、营业总收入	65600
工资收入	8 325	二、营业总成本	53100
其他收入	3 197	营业费用	1 549.98
支出		销售费用	3 517.09
衣	2 785	研发费用	197.42
食	2 546	管理费用	10 200
住	—	……	—
行	1 357	三、营业利润	1 653.03
其他支出	3 821	四、利润总额	3 515.05
结余	1 013	五、净利润	1 770.32

李先生对于个人的财务报表主要从每月的收入、支出、结余进行汇总，且收入 − 支出 = 结余。而企业的财务报表同样从收入和成本出发，但命名为营业收入和营业成本，其中包含的项目更多、更复杂，同样可根据相关公式计算当期利润。

詹先生和李先生都对竞争对手的财务报表进行了分析，两者分析的重点不同，采用的方法也不一样，詹先生采用的是比率分析法，而李先生采用的

则是分析比较法。

除了这两种方法外，一般还有趋势分析法，对企业连续数期的财务报表和一些重要指标进行对比分析，包括常见的重要财务指标比较、报表比较和项目比较等，相对较复杂。

我们最常用的方法则是第一个案例中的比率分析法，分析企业的偿债能力、获利能力、周转能力和运营能力等，后面内容我们将详细介绍。

当我们去银行开户时，首先我们需要取号，其次填写资料，然后上柜台办理业务，最后取卡，总而言之，我们需要遵循一定的步骤。当我们进行财务报表分析时，一般也需要通过如下所示的五大步骤完成。

确定目标

不同的人群期望从报表中获得的信息是不同的，目标不同，那么分析的内容自然不同，如分析企业的盈利能力、偿债能力或运营能力等。

制定方案

在确定目标以后，找到我们需要分析的问题，根据问题的难易度及分析工作量，来制定具体的细化方案，一般建议重点分析。

收集信息

财报分析的最基本的资料是四大报表，不要忘记了还有会计报表附注及财务状况和经营成果的一些说明，特别是一些小字注解。

审核信息

当相关财务信息收集完成以后，我们需要对收集到的信息进行相关核实，看是否真实、全面，逻辑性如何等。

得出结论

通过财务分析得出的结论一定要客观，因为财务分析的最终目的是为财务决策服务，通过财务分析发现问题，做出决策，解决问题。

财务报表的分析是对企业的财务状况、经营业绩和存在的问题进行基本的了解，由于各种主、客观因素的影响，财务报表的分析也存在一定的局限性。比如A企业和B企业，如果两家企业对于某设备的累计折旧的处理方法不一样，那么两者的数据可比性较低。所以我们在分析报表时，查看报表附注很重要，特别是对于如“方法变更”等的说明。

当然，对收集的报表信息的及时性、真实性和有效性等的说明，也将会影响报表的客观分析，从而带来一定的局限性。

财务报告审计有讲究

如果你是罗先生或者李先生，你会怎么做?

【例1】

罗先生是A企业的股东之一，A企业的业务主要是以互联网+为主。由于是创业企业，近3年来，基本处于资本投入状态，盈利较少，而他最近收到了企业近一期的财务报告。

通过阅读报表和附注，他对于当年企业的经营状况有了基本的了解。企业从当年年初开始，虽然经营成果仍处于亏损状态，但是营业收入却有了大幅增加，而他正在考虑是增资还是撤资，他不知道这会不会是企业管理者为了留住股东而美化了财务报告。

【例 2】

李先生是银行借贷部的一名主管，最近 B 企业正申请一笔金额较大的银行贷款，在该企业出具的相关资料中有最近一期的财务报告，从最近一期的财务报告上可以看出，企业的经营能力是不错的，特别是企业的偿债能力，但是他不能确定，该企业会不会是为了获得贷款而歪曲了财务报表。

由上一小节内容我们知道，财务报表分析是具有局限性的，所以企业的财务报表是具有一定的舞弊风险的，而为了避免这种风险，审计就实时地出现了。如案例中，不管是罗先生还是李先生，在查看企业的财务报表时，是需要阅读关于企业的审计报告的，那么怎么理解审计报告呢？

审计报告会对企业财务报告的真实性提供保证，一般由会计师事务所完成，它是一种正式的书面文件，一般审计后的财务报表会附于审计报告之后，一起作为财务报告的内容，其中注册会计师根据审计证据，发表对该企业的财务报表的意见，并签字盖章。

审计报告就好像学生的成绩单，可分为 A、B、C、D 四级。

无保留意见的审计报告

简单来说就是注册会计师对于企业的财务报表无保留地表示满意，这就意味着企业的财务报表是合法、公允、一贯的，值得股东或者其他人参考，说明企业的财务报表交出了很满意的“答卷”，成绩好比在 A 级。

保留意见的审计报告

保留意见是注册会计师对企业的财务报表所反映的事实具有一定的保留意见，从整体上来说还是可以的，但有一些项目的编制不符合会计准则或相关规定。

如果因为企业的拒绝调整，从而导致审计受到一定的局部限制，从而影响审计证据的取得，最终注册会计师就将得出保留意见的结论。企业财务报表成绩就好比在 B 级。

无法表示意见的审计报告

简单来说就是注册会计师在审计的过程中，因为审计的范围受到严重的限制，比如委托人、审计单位和客观环境等限制，不能获得相应的审计证据，从而无法对企业的财务报表发表审计意见。这种财务报表成绩就好比在 C 级。

否定意见的审计报告

否定意见正好和无保留意见相反，注册会计师通过审计发现企业的财务报表对企业的基本情况反映不能做到合法、公允、一贯。如企业对于自身的资产、负债、现金流等进行了歪曲，并且还拒绝调整，注册会计师就将给出否定意见的审计报告，这就意味着企业的财务报表在 D 级甚至以下，是不合格的。

财务报表小尾巴：报表附注

一般对于非财务人员来说，根本没有报表附注这个概念，那报表附注到底是什么？非要阅读吗？在国外，一家上市公司曾经因为报表附注中的一句“公司的某两个子公司与凯恩家族是贷款合作关系”导致了破产，这充分说明，报表附注在某些时刻可能会变成杀伤性武器。

简单来说，财务报表附注是对基本财务报表的补充说明，具有特定的格

式和内容，而财务报表附注那么多说明事项，到底哪一部分最重要呢？

【例 1】

刘先生常年都保持着阅读的习惯，一般保持一月一本的阅读速度，而最近他在学习财务报表方面的知识。

除了基本的报表，他对报表的附注也做了详细的阅读，他觉得财务报表附注很简单，就一些文字说明，如图 1-1 所示。

2. 合并财务报表范围

√适用 □不适用

公司 2018 年度纳入合并范围的子公司详见附注“七、在其他主体中的权益”，本年度新纳入合并范围的子公司为[illegible]首饰有限公司、[illegible]制造有限公司，详见附注“六、合并范围的变更”。

四、财务报表的编制基础

1. 编制基础

本公司财务报表以持续经营为基础，根据实际发生的交易和事项，按照财政部颁布的《企业会计准则-基本准则》和具体会计准则等规定（以下合称“企业会计准则”），并基于以下所述重要会计政策、会计估计进行编制。

2. 持续经营

√适用 □不适用

图 1-1

【例 2】

张先生在十一黄金周后，消费了一大笔，于是最近打算投资理财。在上周周末聚餐后，朋友向他推荐了一只股票，近来一有闲暇时间他就开始关注该股票，这两天他正在研究发行该股票的公司情况，特别是该公司披露的财务报告。

除了企业的财务报表和审计报告外，还有财务报表附注，其中他觉得财报附注中最重要的还是一些补充资料，如图 1-2 所示。非经常性损益说明、加权平均净资产收益率以及境内外会计准则下会计数据差异等。

对公司根据《公开发行证券的公司信息披露解释性公告第1号——非经常性损益》定义界定的非经常性损益项目，以及把《公开发行证券的公司信息披露解释性公告第1号——非经常性损益》中列举的非经常性损益项目界定为经常性损益的项目，应说明原因。

□适用 √不适用

2、 净资产收益率及每股收益

√适用 □不适用

报告期利润	加权平均净资产收益率（%）	每股收益	
		基本每股收益	稀释每股收益
归属于公司普通股股东的净利润	-428.72	-6.69	-6.69
扣除非经常性损益后归属于公司普通股股东的净利润	-429.37	-6.70	-6.70

3、 境内外会计准则下会计数据差异

□适用 □不适用

(1). 同时按照国际会计准则与按中国会计准则披露的财务报告中净利润和净资产差异情况

□适用 √不适用

(2). 同时按照境外会计准则与按中国会计准则披露的财务报告中净利润和净资产差异情况

□适用 √不适用

(3). 境内外会计准则下会计数据差异说明，对已经境外审计机构审计的数据进行差异调节的，应注明该境外机构的名称

图 1-2

那么，财务报表附注到底只是像刘先生说的就是一些简单文字说明，还是像张先生理解的有一些很关键的数据呢？

一般财务报表附注会包括企业基本情况、主要会计政策及会计估计和前期差错、合并财务报表项目说明、或有事项、税项、资产负债表日后事项及补充资料等。

企业的财务报表附注的财务编制基础、会计期间、遵循的会计准则、记账本位币等通常都是一样的，不同的是其他事项，至于哪一部分最重要，还是要看我们想从财务报表得到什么信息。财报附注的最根本作用是提高财务报表信息的可靠性、理解性、完整性和重要性等。

那些你需要了解的财务报表小比率

在日常生活中，我们常看到有些超市的牛奶、面包、蔬菜和水果等打折促销，即使不打折，它的价格相对其他超市也会低廉很多，给我们一种超市大清仓的感觉。

平时在街上，我们也会偶尔接到一些宣传单，上面写着清仓大处理。那么我们会想，所谓的这些清仓大处理，他们的仓库到底有多少货呢？这样清仓处理会不会亏本呢？

试想一个问题，你同时看中两个新上市的包包，你会选择先买哪一个？

A. 家门口非大牌包包

B. 商场某品牌包包

不同的需求会导致人们做出不同的选择，选 A 或者选 B 都无可厚非，但并不是每一个选择都能尽如人意。

【例 1】

苏小姐大学毕业后一直在一家私营公司做文员工作，每月工资 4 000 元左右，每月除去日常的房租、水电和吃饭等花费后，结余不多。苏小姐爱好不多，平时最喜欢的就是收集包包，她的衣柜里衣服很少，包包却很多，有的是朋友送的，有的则是自己这些年来省吃俭用买的。

近日，她在某 APP 上看到了一款包包，觉得很喜欢，并且在她家附近的商场柜台也有售卖，不过等她欢天喜地的打算购买回家时，才发现这款包包的价格太贵了，几乎要花掉她一年的工资，两年内都要省吃俭用。她看了看自己的存款，最后果断放弃了，然后在十一黄金周的时候，用存款带着家人去完成了一趟旅行。

一年后，当她无意间逛商场的时候才发现，她之前看中的那款包包还在那里，好像在说："快点带我走吧。"

【例2】

李小姐大学毕业后在一家私立幼儿园当老师，每个月消费不高，每月能有3 000～4 000元的结余，而她对衣食住行的要求也不高，基本上在中档消费水平，平时最大的爱好是买各式各样的迷你包，最近她发现了一款新上市的迷你包，价格不高，款式还很新颖，楼下店铺就有卖，当时因为是十一黄金周，她打算先和男友回家一趟，回来再买包包。

一周后，等她和男友回来打算去买楼下的那款迷你包时，才发现在十一黄金周的时候被买走了，并且因为很受女孩子的喜欢，这款包现在已经卖断货了。她不明白为什么会卖得这么快，她也才迟了一周而已。

不管是苏小姐还是李小姐，最后都没有买到自己想要的包包，当然重点不是买包包，重点是苏小姐原以为再也买不到的包包还在货架上，说不定仓库里还有，而李小姐要买的包包，货架上没了？仓库也没了吗？

从她们买包包的背后，我们可以猜想两家销售包包的企业的财务管理应该是不一样的。存货在库天数是多少？企业的存货一年可以为企业带来多少笔生意？

这些都可以用一个比率来说明：存货周转率，即存货的周转次数（在后面的资产负债表中，我们将详细介绍相关内容）。一般可用两种计算方法，其计算公式如下。

成本基础的存货周转率＝营业成本／存货平均余额

收入基础的存货周转率＝营业收入／存货平均余额

每个包包定价多少？一年卖了多少钱？净利润占多少比重？这些都可以用销售毛利率和销售利润率来说明，计算公式如下。

销售毛利率 = 毛利 / 营业收入 ×100%

= （主营业务收入 – 主营业务成本）/ 主营业务收入 ×100%

销售利润率 = 净利润 / 营业收入 ×100%

每个包包是约定现金付款还是 30 天付款？这些可以用应收账款周转率和现金周转率来说明，计算公式如下。

应收账款周转率 = 赊销收入净额 / 应收账款平均余额 ×100%

现金周转率 = 现金 / 总资产 ×100%

除了如上一些比率，一般我们还可以用总资产周转率、速动比率、产权比率和净资产收益率等来反映企业的经营状况。

如表 1–6 所示的是从 A、B 企业的销售毛利率、销售净利率、存货周转率、流动比率、速动比率和资产负债比率等来反映企业的盈利能力、运营能力和偿债能力。

表 1–6 A、B 企业利率比

项目	A 企业	B 企业
销售毛利率	36.00%	50.34%
销售净利率	10.75%	29.11%
净资产收益率	24.40%	19.34%
净资产收益率—摊薄	21.75%	18.87%
营业周期（天）	83.36	117.39
存货周转率（次）	2.53	2.95

续表

项目	A 企业	B 企业
存货周转天数（天）	71.12	60.99
应收账款周转天数（天）	12.24	56.40
流动比率	1.35	4.41
速动比率	0.79	3.78
保守速动比率	0.79	3.78
产权比率	1.02	0.22
资产负债比率	50.58%	18.01%

从上述表中，我们可以看到，到当期为止，A 企业的毛利率、净利率、存货周转率和应收账款周转天数都低于 B 企业，但产权比率和资产负债率比 B 企业高，说明 A 企业的负债较多。

而 B 企业的负债较低，说明 A 企业当前的盈利能力和运营能力在某种程度上次于 B 企业。而从流动比率、产权比率和资产负债率综合考量，因为所处行业不同，B 企业整体负债较少，所以相对来说偿债能力较好，但 A 企业偿债能力还在正常的行业水平内。

根据不同的比率来分析企业的经营状况时，除了依据基本的报表外，还需要考虑不同的行业环境。

财务报表的“四大金刚”

当我们在逛街买衣服时，尤其是女士，对衣服的关注点是不一样的，有

的女士看重衣服的面料，有些看重款式，有些看重颜色，而我们往往会根据第一眼感觉，得出好看、不好看，面料可以，款式不新颖等结论。然而，一件衣服的整体美丑并不能用单一的标准去评判。

同理，在阅读财务报表时，我们也不能只看其中的一部分或者其中的一张表格就得出结论，应尽可能综合、客观地去查看。要全面了解财务报表，就需要了解它的“四大金刚”：资产负债表、利润表、现金流量表和所有者权益变动表。

如果你手里有了一笔闲钱，在周末聚会后，朋友给了你两个代码，告诉你这两家公司的股票看涨，于是你打算去分析一下这两家企业的经营情况，特别是企业披露的财务报表。如果仅仅是从利润表来说，那么你觉得下面哪一家最值得投资呢？

【例 1】

某科技股份有限公司 A 近 4 年来企业处于稳步发展中，净利润从原来的 2 242.02 万元增加到现在的 6 980.71 万元，每股收益也有增加，如图 1–3 所示。

五、净利润(元)	6980.71万	5603.81万	3258.79万	2570.96万	2242.02万
（一）持续经营净利润(元)	6980.71万	5603.81万	3258.79万	2570.96万	--
归属于母公司所有者的净利润(元)	6980.71万	5603.81万	3259.94万	2607.55万	2288.37万
少数股东损益(元)	--	--	-1.15万	-36.60万	-46.35万
扣除非经常性损益后的净利润(元)	6736.62万	5553.60万	3188.83万	2598.26万	2275.33万
六、每股收益(元)					
（一）基本每股收益(元)	0.94	0.76	0.44	--	--
（二）稀释每股收益(元)	0.94	0.76	0.44	--	--

图 1–3

【例 2】

某建筑工程公司 B 近年来受多种主、客观因素的影响，净利润从原来的

1.87亿元到现在的净亏17.2亿元，基本的每股收益逐年下降，如图1–4所示。

五、净利润(元)	-17.20亿	3.84亿	4.72亿	3.46亿	1.87亿
（一）持续经营净利润(元)	--	--	--	--	--
归属于母公司所有者的净利润(元)	-17.05亿	3.80亿	4.74亿	3.47亿	1.87亿
少数股东损益(元)	-1502.47万	395.50万	-156.90万	-54.55万	--
扣除非经常性损益后的净利润(元)	-14.11亿	3.77亿	4.70亿	3.47亿	298.40万
六、每股收益(元)					
（一）基本每股收益(元)	-1.00	0.22	0.28	0.40	0.74
（二）稀释每股收益(元)	-1.00	0.22	0.28	0.40	0.74

图1–4

我们是否可以根据如上两张利润表就判定投资A或者投资B呢？A是不是有发展潜力？A的行业前景如何？A在年底是否还能保持前进？B这个行业是否已经不行，今年是否还会继续亏损，到今年年底是否还需继续负债，还是将翻身大赚？

这些我们都不能仅仅从企业的一张利润表就看出来，我们同时还需要参考企业的资产负债表，了解企业的家底；通过企业的现金流量表，看企业的变现能力如何；看所有者权益变动表，看是否有新的股东参与或者股东增资。

资产负债表就是企业的资产与负债的数据体现，当然还包括所有者权益的相关数据。其中资产又分为流动资产和非流动资产，负债分为流动负债和非流动负债，资产负债表还运用了相关的会计恒等式“资产 = 负债 + 所有者权益”。

这就意味着资产负债表主要由三大块组成。当然对于资产负债表的科目和相关数据，我们在后面的资产负债表章节将详细说明，这里我们需要先对资产负债表有一个基本的第一印象，如表1–7所示。

表 1-7 资产负债表

资产负债表 2019 年 12 月 31 日 编制单位：××× 高新技术产业开发股份有限公司 单位：元 币种：人民币			
项目	附注	期末余额	期初余额
流动资产			
货币资金		119 500 565.85	257 433 024.03
应收票据及应收账款		201 346 307.99	1 416 245 109.71
……	……	……	……
流动资产合计		2 166 159 435.33	4 274 898 103.59
非流动资产	……	……	……
可供出售金融资产		50 000.00	50 000.00
非流动资产合计		4 625 691 533.52	5 525 069 138.29
资产总计		6 791 850 968.85	9 799 967 241.88
流动负债：			
短期借款		760 000 000.00	939 000 000.00
流动负债合计		4 521 137 391.07	4 071 568 584.93
非流动负债合计		2 247 921 329.01	2 031 970 930
负债合计		6 769 058 720.08	6 103 539 514.93
所有者权益合计		22 792 248.77	3 696 427 726.95
负债和所有者权益总计		6 791 850 968.85	9 799 967 241.88

企业的利润表和资产负债表具有一定的差别，它们的相关会计科目和数据都明显不一样，利润表主要反映企业的收入、成本和净利润等，如表 1-8 所示的利润表部分数据。

表 1-8　利润表

利润表 2019 年 12 月 31 日 编制单位：××× 高新技术产业开发股份有限公司 单位：元 币种：人民币			
项目	附注	本期发生额	上期发生额
一、营业总收入		332 099 426.08	3 349 845 874.35
其中：营业收入		332 099 426.08	3 349 845 874.35
……		……	……
二、营业总成本		3 812 972 134.65	3 250 934 323.9
其中：营业成本		218 294 039.68	2 370 080 458.99
……		……	……
三、营业利润（亏损以“-”号填列）		−3 466 454 335.11	119 013 642.66
加：营业外收入		1 442 041.41	2 431 474.61
减：营业外支出		254 928 637.26	637 590 898.87
四、利润总额（亏损总额以“-”号填列）		−3 719 940 930.96	−516 145 781.60
五、净利润（净亏损以“-”号填列）		−3 733 758 261.3	−580 112 374.29
六、其他综合收益的税后净额		60 122 783.12	−67 706 930.01
七、综合收益总额		−3 718 107 778.18	−647 819 304.3
八、每股收益：			
（一）基本每股收益（元 / 股）		−3.5598	−0.5135
（二）稀释每股收益（元 / 股）		−3.5598	−0.5135

作为一名供应商，对企业的现金流量表是很感兴趣的，现金流量表其实就是反映企业的现金流活动，其结构和内容大致如表 1-9 所示。

表 1-9 现金流量表

现金流量表 2019 年 12 月 31 日 编制单位：××× 高新技术产业开发股份有限公司 单位：元 币种：人民币			
项目	附注	本期发生额	上期发生额
一、经营活动产生的现金流量：			
销售商品、提供劳务收到的现金		1 151 653 305.36	3 229 418 754.86
……		……	……
经营活动现金流入小计		1 641 078 095.51	3 995 984 537.76
经营活动现金流出小计		1 678 339 445.33	4 934 364 848.92
二、投资活动产生的现金流量：			
取得投资收益收到的现金		7 939 838.26	—
……		……	……
投资活动现金流入小计		8 424 338.26	197 737.27
投资活动现金流出小计		54 641 336.46	1 099 537 163.46
三、投资活动产生的现金流量：			
发行债券收到的现金		—	1 234 000 000
……		……	……
筹资活动现金流入小计		463 000 000	3 565 000 000
筹资活动现金流出小计		445 581 044.25	1 818 810 472.42
四、汇率变动对现金及现金等价物影响		−605 813.18	−6 384 986.93
五、现金及现金等价物净增加额		−66 665 205.45	−297 915 196.7
六、期末现金及现金等价物余额		95 022 894.99	161 688 100.44

我们虽然不用看懂现金流量表中的每一个项目和数据，但我们至少从大体上要知道，企业的现金是怎么流入的，流入多少；怎么流出的，流出多少；甚至汇率的变动，也将对企业的现金流产生一定影响。如果企业 2019 年的业绩

较好，盈利能力和运营能力都得到很大提高，甚至股价上涨，那么2020年可能会有新的股东加入，相应的企业所有者权益表就该变动了，如表1-10所示。

表 1-10　所有者权益变动表

所有者权益变动表

2019 年 12 月 31 日

编制单位：×××高新技术产业开发股份有限公司

单位：元　币种：人民币

项目	本期				
	股本	资本公积	盈余公积	未分配利润	所有者权益合计
一、上年期末余额	1 034 735 218	2 810 497 059.29	83 110 877.93	132 137 147.01	4 060 480 302.23
二、本年期初余额	1 034 735 218	2 810 497 059.29	83 110 877.93	527 137 986.2 6	4 455 481 141.48
三、本期增减变动金额（减少以"–"号填列）				3 057 004 631.63	3 057 004 631.63
四、本期期末余额	1 034 735 218	2 810 497 059	83 110 877.93	3 584 142 623.89	7 512 485 773.11
上期					
一、上年期末余额	1 034 735 218	2 810 497 059.29	83 110 877.93	194 563 542.82	4 122 906 698.04
二、本年期初余额	1 034 735 218	2 810 497 059.29	83 110 877.93	194 563 542.82	4 122 906 698.04
三、本期增减变动金额（减少以"–"号填列）				−62 426 395.81	−62 426 3 95.81
四、本期期末余额	1 034 735 218	2 810 497 059.29	83 110 877.93	132 137 147.01	4 060 480 302.23

在所有者权益变动表中，“本期期初余额”与“上年期末余额”不一致，说明发生了前期差错更正。

通过对 4 张报表的简单学习，我们知道四大报表之间是相互联系的，每个报表之间的数据是相互交叉的，它们一起组合成了一个完整的财务报表体系。对于四大报表暂时看不懂没关系，我们将在后面的章节作详细说明，本小节只是对四大报表有一个最基本的认识。

财务报表之间的钩稽关系

财务报表的“四大金刚”之间有一种铁一般的“情谊”，叫钩稽关系。怎么理解钩稽关系呢？简单说就是四大报表之间的数据是可以相互考查，相互核对的一种关系。

如果公司每个月给你发 6 000 元的工资，这 6 000 元就是你的工资收入；而对于企业来说，这就是企业应付职工薪酬支出 6 000 元，你们两者之间是可以互相验证、互相查证的，这种关系就是钩稽关系。

有两家企业 A 和 B，两家企业的近期利润表金额差别不大，净利润都在 5 000 万元左右，当查看现金流量表时我们可以看到，A 企业对客户实行赊销的方式，即客户可以先订货，后付款，所以 A 企业的现金流较少，对应的资产负债表中的应收账款金额较大；而 B 企业和客户约定货到款到，最晚也在 15 天之内付款，所以 B 企业现金流较多，对应的资产负债表中的应收账款金额较小。

通过企业的现金流量表，我们可以看到企业利润表中的收入状态；同样，现金流量表对资产负债表中的库存现金和应收账款等项目也会进行反映，这几大报表之间的这种相辅相成的关系就是钩稽关系。

首先，我们来看看资产负债表和利润表之间的钩稽关系。由前面小节我们知道，资产负债表数据主要由期初和期末两栏构成，利润表反映的主要是本期数据，如果我们在资产负债表中加入本期增减数，那么就可以将利润表归结于资产负债表中的未分配利润项目下，如图 1–5 所示。

项目	期末余额	期初余额
流动资产：		
货币资金	1 256 482 151.68	141 962 304.87
未分配利润	411 035 367.53	1 099 636 553.81

项目	本期发生额	上期发生额
一、营业总收入	507 362 652.11	538 714 401.21
其中：营业收入	507 362 652.11	538 714 401.21

图 1–5

其次，资产负债表与现金流量表之间的钩稽关系主要体现为：资产负债表的现金、银行存款及其他货币资金等项目的期末余额 – 期初余额 = 现金流量表里的现金及现金等价物的净流量。

然后，所有者权益变动表的数据变动也会在资产负债表中体现出来。会计恒等式“资产 = 负债 + 所有者权益”就是最好的体现。

最后，利润表和现金流量表的关系相对更复杂，现金流量表主要说明企业的现金流活动，但从某种程度上也反映了企业的损益情况。

第2章

企业有多少家底，看资产负债表

一个人有多少家底？看什么？房几套，车几辆，存款多少元，投资分多少……

一家企业有多少家底？看什么？资产要数清，负债要记牢，所有者收益少不了。货币资金有多少？应收账款收回否？设备折旧摊多少？投资收益加多少？借了银行多少钱？长期短期有多少？实收资本知多少……

综上，企业的家底总结起来可以分为三大块：资产、负债、所有者权益。而对于此三大块的所有项目及相关数据变动，反映的报表就是资产负债表，资产怎么算？负债如何计？所有者权益在哪里？资产负债表如何编？如何填？如何看？以上这些本章都将进行详细的说明。

企业的哪些资产能计入报表

首先，我们来做一个多选题，下面的哪些项目可以计入你的个人资产？

A. 工资收入

B. 按揭房屋

C. 股票收益

D. 公司分红

先记住你选择的答案。现在，我们换个角度。下面的哪些项目可以计入公司的资产？

A. 银行存款

B. 应付职工薪酬

C. 主营业务收入

D. 实收资本

如果仔细思考，我们会发现，对于个人来说 4 个选项都可以归结为个人的资产，而对于企业来说，除了主营业务收入以外，都可以归结到资产项目，可能有人会困惑，明明是一种收入，就好像个人的工资收入，为什么不能归结为资产？应付职工薪酬明明是一种未来支出，为什么还要归结为资产？

归根到底，是企业对于资产具有一定的划分标准，具体如何划分呢？看下面一个小例子。

刘敏在工作几年后辞职并开始创业，开了一家小门市，主要销售油炸土豆，单价在 10 元 / 份，她请了一名员工，每月工资 3 000 元，她住自己的家，而给员工租了一个小单间，每月 700 元左右，她自己不领薪水，店铺每月的房租、水电费在 4 500 元左右，她和员工每月生活费在 3 000 元左右。在开业之初，每日销售收入在 500 元～ 1 000 元之间，每日土豆成本在 300 元左右，3 个月后，每日收入稳定在 800 元～ 1 200 元之间。到年底刘敏计算了一下，有一笔 10 万元的结余资金，对于这 10 万元，她考虑了几个去处。

◆ 将10万元存入银行，方便开店中突发资金需要，该期间形成银行存款。

◆ 偿还从父母那儿借来的开店成本 10 万元，该期间减少负债。

◆ 为了进货和送货方便，给自己买一辆 10 万元的代步车，该期间增加固定资产。

◆ 为了 2021 年扩大经营，2020 年将这 10 万元用来短期组合购买股票和基金，实现投资升值，该期间形成交易性金融资产。

◆ 为了增加每天的销售收入，考虑申请商标或者特许经营权，甚至还可以给自己报了一个学历提升班，该期间形成无形资产。

突然有了一笔闲置资金，去处无非是存款、还债和消费等。在刘敏的个人资产负债表中，这 10 万元的不同处置会产生不同的资产归类，其中银行存款和交易性金融资产属于流动资产；固定资产和无形资产属于非流动资产。

资产是由个人或者企业过去的交易或事项形成的、由企业拥有或者控制的、预期会给企业带来经济利益的资源。比如刘敏年底结余 10 万元，是由过去每天卖炸土豆的销售收入形成的，且由她支配的，在一定期间会给她带来一定收益的资源。

根据不同的划分标准，资产可以分为不同的类别，如根据耗用期限可分为流动资产和长期资产；根据是否具有形态可以分为有形资产和无形资产。而根据我国的会计准则，在综合了几类分类标准后，各大企业的资产负债表中一般将资产分为两大类：流动和非流动两大类，主要以资产的流动性为标准。

流动资产是企业在一年或长于一年的一个营业周期内可变现或者使用的资产，主要体现出周转速度快、变现能力强，资产从货币形态开始，兜兜转转变换了形态，最终又回到货币形态，比如刘敏将10万元银行存款购买一年期的基金，在到期赎回后，10万元本金及收益又回到银行账户中。

在资产负债表中，流动资产主要包括货币资金、短期投资、应收票据、应收账款和存货等。如表2-1所示。

表2-1　资产负债表

资产负债表 2019 年 12 月 31 日 编制单位：×××股份有限公司 单位：元 币种：人民币			
项目	附注	期末余额	期初余额
流动资产			
货币资金	1	385 837 695.65	1 257 553 917.91
应收票据及应收账款	2	710 635 237.32	950 924 524.04
其他应收款	5	34 700 360.43	51 111 116.10
存货	7	161 309 264.24	203 227 917.11
持有待售资产		227 599 013.68	400 000
一年内到期的非流动资产		52 299 544.85	68 095 591.24
……		……	……
流动资产合计		2 114 565 037.98	3 205 203 145.82

如上表所示，货币资金包括日常核算中的库存现金、银行存款和其他货币资金等，一般在资产负债表项目中的第一项，流动性最强。

应收账款、应收票据简单说就是企业卖出一批商品，和对方约定在一定时期内付款而形成的应收款项，如企业销售人员甲向 A 公司销售了一台机器设备 10 万元，A 公司提出了两种付款方式：1. 分期支付，每月付款 1 万元，在年底付清；2.A 公司支付给甲一张 10 万元的商业汇票，约定在 3 个月内无条件支付。采用第一种收款方式就在资产负债表中列为应收账款，采用第二种收款方式就列为应收票据。在后面内容中我们将详细说明。

对于存货，就是企业在日常活动中持有以备出售的各种商品、产成品、在产品和委托加工物资等，如刘敏炸土豆店的新买的土豆、削好的土豆和炸好的土豆等。

非流动资产和流动资产相反，是指企业的资产不能在一年或者超过一年的一个营业周期内变现或者耗用的资产，如常见的可供出售金融资产、长期应收款、长期股权投资、固定资产、在建工程、无形资产和长期待摊费用等。

其中，可供出售金融资产一般指企业购入的、在活跃市场上有具体报价的债券、基金和股票等；长期应收款是企业融资租赁或与融资相关的应收款项；长期股权投资就是企业长期投资某企业的款项；固定资产是企业为了生成产品或者经营管理需要，持有或使用时间在一年以上的，具有一定价值的非货币形态物资，如厂房、机器和运输工具等。

在建工程一般体现在一些工程企业的核算业务中，如对于企业资产进行新建、改建或扩建等，一般包括自营和出包两种方式；无形资产是企业拥有或者控制的没有实物形态的可计量的非货币性资产，如专利权、商标权和特许经营权等；长期待摊费用一般指企业已经列为支出，但摊销期限在一年以上的各项费用，如企业对机器设备的修理、改良支出以及摊销期限在一年以上的其他待摊费用。

负债项目小常识

首先，我们来做一个简单的单选题，下面哪一项不可以计入负债？

A. 发放贷款和垫款

B. 预收账款

C. 保险合同准备金

D. 应付职工薪酬

如果正确答案为 A，会不会有人困惑？明明 A 更像负债，B 更像资产，而事实刚好相反，除了 A 为资产，其他均为负债。

企业的负债应该如何去定义呢？看下面一个案例。

汤欣在工作 5 年后，在结婚前想拥有一份自己的事业，因为偏爱美食，于是她打算开一家拉面店，主要客源是附近的学生和上班族。此前她的银行存款仅为 5 万元，于是她向银行贷款了 5 万元，店面一个月的房租和水电费要 1 万元，她的堂妹来店里帮忙，说好每个月工资为 3 000 元，吃住都和自己一起。面店的供货商是朋友介绍的，和她约定 60 天付款。

前 3 个月，拉面店生意非常好，每月营收都比前一个月增长约 50%。她和堂妹都很高兴，觉得创业很顺利，一开始就赚钱。但在第三个月结账后，发现这个月的收入明显低于前几个月，虽然没有亏本，但是赚钱不多。和堂妹无意间说起，堂妹告诉她，最近学校放假了，而且地铁开通以后，很多上班族上下班时间缩短，开始自己带饭了。于是她明白，拉面店的淡季来了，除了客户主动上门，她还应该采取其他的方式扩大拉面店生意。

通过上例我们知道，如果汤欣以店铺生意做一张资产负债表，那么我们就应该明白。

- 她自己 5 万元的银行存款，这是货币资金。
- 资产不够，银行借贷 5 万元，这是长期 / 短期借款。
- 给表妹发工资 3 000 元，计入应付职工薪酬。
- 60 天后才付款给供应商，这是应付账款。

负债是企业所承担的能以货币计量、需以资产或劳务偿还的债务。负债根据其偿还时间和速度，可分为流动负债和非流动负债。

流动负债是指在一年内或超过一年的一个营业周期内需要偿还的债务，流动负债一般包括：短期借款、应付账款、应付票据、应付职工薪酬、应付福利费、应交税费、应付利息、应付股利和其他应付款等。

汤欣向银行借贷的 5 万元，如果是在一年内偿还，那么就为短期借款，如果在 5 年内偿还就为长期借款。其中短期借款属于流动负债，长期借款属于非流动负债。

当然，在偿还期内，根据约定是需要定期偿还一定利息的，这些定期偿还的利息就是应付利息。

非流动负债又可以理解为长期负债，一般指偿还期在一年以上的债务，常见如长期借款、应付债券和长期应付款等。长期负债是企业为了筹集长期的投资项目所需资金而发生的事项，如企业为了购买 5 台单价为 50 万元的大型机器设备而向银行借入了 3 年期的银行贷款。

坏账来了怎么办

在生活中，借钱是一个永恒的话题，同事向你借钱借不借？朋友向你借钱借不借？是都借呢，还是都不借？如果朋友向你借 5 000 元做生活周转，结果一年过去了，两年过去了，他没还，你也不好意思催，时间久了，你都忘记借出这笔钱了，然后有一天想起来，想去问一问，结果他调去了其他城市，换了号，怎么也联系不上，于是这 5 000 元钱很明显收不回来了。

对于你来说，这 5 000 元就是一笔损失，与此相类似，如果发生在企业身上，这 5 000 元就是企业的坏账。

企业的坏账一般指企业已经无法收回或者收回的可能性极小的应收款项，因为坏账而给企业带来的损失就是坏账损失。根据我国相关规定，一旦发生如下情况之一，应确认为坏账。

- ◆ 债务人死亡，以其遗产清偿后仍无法收回。
- ◆ 债务人破产，以其破产财产清偿后仍无法收回。
- ◆ 债务人较长时期内未履行偿债义务，并有足够的证据表明无法收回或收回的可能性极小。

企业发生坏账是一种很正常的现象，就像我们永远无法避免有人向我们借钱一样，有借无还就形成坏账了。

对于个人来说，发生坏账时个人资产少一笔，支出多一笔。那么，对于企业来说，同样如此。坏账无法避免，但是可以提前做准备，常用的方法就是计提坏账准备，如何计算呢？看下面两个例子。

【例 1】

A 公司 2018 年年末的应收账款余额为 50 000 元，提取坏账准备比例为 5%，2019 年发生坏账损失 1 000 元，2019 年年末应收账款的余额为 75 000 元。计算 A 公司 2018 年和 2019 年应计提的坏账准备和坏账准备年末余额。

2018 年末，应计提的坏账准备金额：50 000×5%=2 500（元）。

2018 年末坏账准备金额科目余额为 2 500 元。

2019 年发生坏账损失 1 000 元。

2019 年末应计提的坏账准备金额：（75 000×5%）－（2 500−1 000）= 2 250（元）。

2019 年末坏账准备金额科目余额为：2 500−1 000+2 250=3 750（元）。

【例 2】

B 公司 2018 年年末的应收账款余额为 50 500 元，其中 3 ~ 6 月的应收账款 28 560 元，1 ~ 2 年的应收账款 15 240 元，2 ~ 3 年的应收账款为 3 500 元，4 ~ 5 年的应收账款为 2 500 元，5 以上的应收账款为 700 元，根据表 2-2 所示的坏账准备计提比例，计算预估的坏账损失，其结果见表 2-3。

表 2-2　坏账准备计提比例表

账龄	应收账款计提比例	其他应收款计提比例
1 年以内（含 1 年）	5%	5%
1 ~ 2 年	10%	10%
2 ~ 3 年	20%	20%
3 ~ 4 年	50%	50%
4 ~ 5 年	50%	50%
5 年以上	100%	100%

表 2-3　坏账损失预估表

账龄	应收账款计提比例	应收账款（元）	预估坏账损失（元）
3 ~ 6 个月	5%	28 560	1 428
1 ~ 2 年	10%	15 240	1 524
2 ~ 3 年	20%	3 500	700
4 ~ 5 年	50%	2 500	1 250
5 年以上	100%	700	700

上面两个案例是对于企业坏账的不同处理方法，第一个案例就是典型的余额百分比法，第二个案例为账龄分析法，除此外还有“销货百分比法”和“个别认定法”等，具体采用何种方法由企业自行确定，一经确定，不得随意变动。在各大企业的财报中，一般常采用账龄分析法。

坏账来了怎么办？提前计提坏账准备是关键，“坏账准备”是一个备抵账户，企业设置相应的“坏账准备”账户，通过一定的计算方法按期估计坏账损失，提取相应的坏账准备，一旦坏账实际发生，直接冲抵已经计提的坏账准备，并且转销应收账款余额。

如何简单理解？同样以个人借钱说明，如我们总计借出 2.5 万元，其中借给同事 5 000 元，约定一个月后归还；借给闺密 10 000 元，闺密承诺 3 个月后还；借给朋友 10 000 元，约定一年后归还。

在收回所有的外借款 2.5 万元之前，如果我们用一张建行卡来计提相应的坏账准备，如同事和闺密还账计提比例都为 5%，朋友为 10%，那么计提坏账准备就为 1 750 元（15 000 × 5%+10 000 × 10%）。如果到期时同事归还了全部借款 5 000 元，闺密归还了 10 000 元，朋友却只归还了 5 000 元，那么就可以用建行卡里计提的 1 750 元冲抵坏账损失 5 000 元，剩余 3 250 元，那么应收账款余额就为 3 250 元。当然这只是企业坏账准备处理过程套用个人

情况的说明，在实际生活中，朋友还有5 000元未归还，我们可能会要求归还剩余5 000元，也可能朋友不再归还，实际损失就为5 000元。个人和企业坏账实际处理还是有区别的，应具体问题具体分析。

投资性资产与金融资产别傻傻分不清楚

在日常生活中，我们常听到投资理财这个词，投资理财方式有很多，当我们通过某种理财方式获得一定的收益时，如我们通过购买某基金，一年下来，获得一万元的收益，那么这一万元到底是投资性资产还是金融资产呢？

投资性资产能不能和金融资产画等号？看下面两个例子。

【例1】

詹先生毕业后一直从事市场方面工作，多年工作下来有了一笔不小的积蓄，而他和女友约定在年底见双方父母后，在明年6月份结婚，于是他打算在结婚前做一些准备，比如按揭买房首付25万元、炒股5万元、购买基金2万元和购买保险1.5万元等。其中他还将10万元投资于朋友的连锁店，约定每年分红，在朋友的介绍下，还购买了一把3万元的紫砂壶，坐等将来升值。

【例2】

刘先生毕业后就开始自主创业，在家里人的支持下开了一家蛋糕奶茶店，这几年下来，由于经营较好，他连续开了几家分店。虽然每家的店面都不大，但因为产品特色鲜明，店址又位于风景区附近，所以每家的盈利都还不错，慢慢地几家店都走上了正轨，他也有了更多的闲置时间。近几年来他比较热衷于投资理财，在第一年炒股亏损2万元以后，他主要购买国债和基金，随着投资经验的积累，他开始购买一些公司债和开放式基金，陆陆续续配置总计约 10 万元，当然，他在股市试水的金额从 2 万元涨到 5 万元。

上例中的詹先生投资理财的资产就是典型的投资性资产，而刘先生投资的资产就是典型的金融性资产。投资性资产就是个人或者企业用于投资的那部分资产，如投资性房地产；而金融资产是一切可以在有组织的金融市场上进行交易、具有现实价格和未来估价的金融工具的总称，如我们常见的股票、债券和基金等。

当投资性资产就是金融市场上的某资产时，两者是可以画等号的，当投资性资产是非金融市场的某工具，那么两者存在一定的差别，如投资房产、古董、字画和邮票等。

对于企业来说，自身的金融资产是另一个公司的金融负债。简单对比如表 2-4 所示。

表 2-4　金融资产与金融负债

A 公司	B 公司
债券投资 （金融资产）	发行公司债券 （金融负债）
股权投资 （金融资产）	发行公司普通股 （权益工具）

在资产负债表中，投资性资产涉及科目更多，且都可列入；而金融资产一般为货币资金、应收账款、应收票据、贷款、垫款、其他应收款、应收利息、应收股利、持有至到期投资、可供出售金融资产以及以公允价值计量且其变动计入当期损益的金融资产等。

对于投资性资产，资产的重点在投资，而金融资产的关键在金融市场。

有一种资产叫应收账款

如果我们业务员向某公司销售了一台设备 5 万元，对方公司约定 3 个月内付清。这 5 万元对企业来说就是应收账款，是企业资产的一种。

但不是任何一种收入都可以划分为应收账款，如企业的技术部 A 员工在 E 杂志上发表了一篇期刊论文，获得奖金 1 万元，杂志社承诺 3 天内转账。这笔 1 万元的奖金就不是企业的应收账款。

应收账款简单理解是企业在日常的经营活动中，因为销售商品、产品或提供劳务等业务，应向购买单位收取的款项，不仅包括价款，还包括相关税费和各种运杂费，也就是临时被购买单位占用的资金。就像我们淘宝货物快递到手，检查无误后再确认收货一样，应收账款的确认与收入密切相关。

借钱给朋友以后，我们都希望朋友及时还钱，如果借出的金额较大，拖延的时间较长，适当的催还就很有必要。对企业的应收账款进行催还，就叫作催收，一方面我们需要对拖欠的应收账款进行催收；另一方面，对于无法收回的应收账款，一旦符合坏账确认条件，就需要做坏账损失处理。

提到了应收账款，那应收账款周转率就不得不说。应收账款周转率就是应收账款的周转速度，是企业通过应收账款可以做几趟生意的体现。而与应收账款周转率密不可分的则是应收账款周转天数，它是一个企业从获得应收账款这项权利，到最终收回款项，转换成现金所需要的天数，简单理解就是企业从卖出商品到最后收到货款再变成现金的天数。

因为企业信用的存在，一旦销售商品后，客户很可能不会马上付款，所以一个企业可能会存在不同期限的应收账款，及时将这些应收账款变为真金白银回到公司，对于企业的经营来说至关重要。

一般在行业内，不同的公司其应收账款周转天数是不同的，一般应收账款周转天数会和营业周期、存货周转率及存货周转天数等作为企业运营能力的参考指标，看下面一个案例。

A公司和B公司为两家环保公司，其中A公司主营环保水处理业务，B公司主营生产环保设备和水处理业务。两家公司的当期营业周期、存货周转率、存货周转天数和应收账款周转天数如表2–5所示。

表2-5　A、B公司运营能力指标

项目	A公司	B公司
营业周期（天）	314.66	351.30
存货周转率（次）	3.93	1.53
存货周转天数（天）	91.6	235.29
应收账款周转天数（天）	222.95	116.68

同为环保公司，在一个营业周期内，A公司相对于B公司存货周转速度更快，而B公司却在应收账款周转天数上更短，这就意味着B公司货款的回收时间更快，哪一家公司更具有竞争力还需要综合参考其他指标。

无论是应收账款周转率还是周转天数，我们都可以通过公式来计算。

应收账款周转率 = 赊销净额 / 应收账款平均余额

应收账款周转天数＝ 365/ 应收账款周转率

以A公司为例，应收账款周转天数223天，那么根据公式，应收账款周转率 =365/ 应收账款周转天数 =1.64（次）。

资产负债表里的“潜力股”——无形资产

在现实生活中，无论是个人还是股票，潜力股都容易被忽略，在企业生产经营中亦如此。对于企业来说，设备多少、项目大小和销售高低等都是企业可见的显性资产，那么对于那些隐形的、非实物的资产，我们又知道多少呢？

袁隆平农业高科技股份有限公司在 1999 年成立，2000 年上市，是一家以“杂交水稻之父”袁隆平院士的名字命名，并由袁隆平院士担任名誉董事长的高科技现代化种业集团，第一大股东为中信集团。

公司是国内领先的“育繁推一体化”种业企业，主营业务涵盖种业运营和农业服务两大体系，其中杂交水稻种子业务全球领先，在 2018 年，公司实现营业收入 35.79 亿元，并跻身全球种业企业前八强。

该公司有一项很特别的无形资产，即袁隆平先生的名字，据说根据公司和袁隆平先生签订的协议，双方约定在股份公司存续期间，将其姓名用于股份公司的名称和公司股票上市时的股票简称，而公司向袁隆平先生支付姓名权使用费 580 万元。根据相关资产评估事务所评估，“袁隆平”3 个字的品牌价值已高达 1 008.9 亿元。

通过上例，进一步说明那些企业背后的品牌价值给企业带来了收益，就是无形资产的一部分。那么企业是如何定义无形资产的呢？

无形资产是企业拥有或者控制的，没有实物形态，但是可计量的非货币性资产，包括专利权、非专利技术、商标权、著作权、土地使用权和特许经营权等。一般无形资产还可以分为外购和自创，按照会计惯例，应确认的无形资产主要是外购无形资产，自创无形资产除符合资本化条件之外，一般都不能确认。

无形资产到底值多少钱？明年是增值还是贬值？这些都是需要计量的，一般外购和接受第三方投资的无形资产，它们的价值都好确认，比如“袁隆平”3 个字，企业以 580 万元购得，这 580 万元就是它当期购买的价值；比如在企业成立时，接受第三方技术入股，估值 30 万元。对于企业自创的无形资产，需要对企业的研究和开发支出实现资本化。

对于无形资产的使用，如果明确了使用年限的，那么就需要在使用年限内进行摊销，如专利权；但如果无形资产是无限寿命的，那么就不用摊销，一般企业会采取定期评估，从而调整相应的账面价值。

对于企业的无形资产，一般会采用 3 种处理方式。

- **让渡使用权**：包括将企业的无形资产出租，从而获得租金收入。
- **量价出售**：当企业考虑将无形资产出售时，可以将售价与账面价值差额计入当期损益，在利润表中就体现为资产处置损益。
- **计量转销**：如果根据评估，无形资产已经不能为企业带来经济利益，那么就应当将该无形资产进行转销，将账面的价值转为当期损益。

随着科学的进步以及企业的不断壮大，技术更新周期越来越短，一些无形资产会因新技术的出现发生贬值，但是企业为了不在竞争中被淘汰，就会投入大量的人力物力来改进技术，从而提高无形资产的价值，使无形资产实现增值。所以对于企业来说，无形资产也是一只潜力股。

企业的无形资产不具有物质实体，往往需要依托一定的实体才能体现，如企业的商标权，它只有在企业进行正常的生产经营以及销售活动时才发挥作用。

资产负债表的水平分析与垂直分析

又到月底了，周先生这天闲来无事，在 APP 上记账以后，根据相关数据，做了最近两月的收支对比分析，如表 2–6 和表 2–7 所示，你可以看出有什么不同呢？

表 2–6　个人收支水平分析　单位：元

个人收支水平分析				
收入	**10 月**	**11 月**	**变动额**	**变动比率**
工资收入	6 543	8 325	1 782	27.24%
其他收入	2 689	3 197	508	18.89%
支出	—	—	—	
衣、食、住、行	7 519	8 299	780	10.37%

表 2–7 个人收支垂直分析　单位：元

个人收支垂直分析					
收入	**10 月**	**11 月**	**10 月占比**	**11 月占比**	**变动情况**
工资收入	6 543	8 325	70.87%	72.25%	1.38%
其他收入	2 689	3 197	29.13%	27.75%	−1.38%
收入总计	9 232	11 522	—	—	—
支出	—	—	—		
衣、食、住、行	7 519	8 299	81.44%	72.03%	−9.41%

周先生做的两个收支表也可以看成是他个人的财务报表，我们可以看到

第一张表主要反映的是10月、11月的收入和支出增减变动情况以及变动比率；而第二张表主要反映的是，在个人财报中，10月和11月各自的工资收入占了总收入多少，其他收入占比多少，衣食住行等支出占总支出的比重，以及11月相对于10月的变动情况。

在企业的资产负债表中，与周先生两张表类似的分析，就是资产负债表的水平分析和垂直分析。如表2-8和表2-9所示。

表2-8　资产负债表水平分析

××× 股份有限公司 2018 年～ 2019 年资产负债表的水平分析表 单位：元　币种：人民币					
项目	2019 年	2018 年	变动额	变动率（%）	对总资产影响
流动资产					
货币资金	346 864 417.75	422 233 694.47	−75 369 276.72	−17.85	−2.38%
应收账款	287 605 443.29	139 851 123.20	147 754 320.09	105.65	4.66%
其他应收款	11 494 873.79	9 218 662.81	2 276 210.98	24.69	0.07%
存货	664 695 248.63	583 495 273.39	81 199 975.24	13.92	2.56%
—	—	—	—	—	
资产合计	3 718 208 624.62	3 167 720 551.24	550 488 073.38	17.38	17.38%

上表反映的是资产负债表中不同的会计期间各种项目的增减变动情况以及给总资产带来的影响。如货币资金在2018年为422 233 694.47元，而在2019年，货币资金减少为346 864 417.75元，比例降低了17.85%，对总资产的影响降低2.38%，此外，其他项目也通过不断的增减变动，从而对总资产带来一定的影响。对于资产负债表的这种通过不同年度之间的项目增减变动对总资产带来多大影响的分析，就是资产负债表的水平分析，它与垂直分析具有一定的差别。

表 2-9 资产负债表垂直分析

××× 股份有限公司 2018 年～ 2019 年资产负债表的垂直分析表 单位：元 币种：人民币					
项目	2019 年	2018 年	2019（%）	2018（%）	变动情况
流动资产					
货币资金	346 864 417.75	422 233 694.47	9.33	13.33	−4%
应收账款	287 605 443.29	139 851 123.20	7.74	4.41	3.33%
其他应收款	11 494 873.79	9 218 662.81	0.31	0.29	0.02%
存货	664 695 248.63	583 495 273.39	17.88	18.42	−0.54%
……	—	—			
资产合计	3 718 208 624.62	3 167 720 551.24	100	100	0%

上表反映的是资产负债表中各种资产项目占总资产的比例，如货币资金在 2018 年为 422 233 694.47 元，占当年总资产 3 167 720 551.24 元的比例为 13.33%。而在 2019 年，货币资金占总资产的比例就为 9.33%，此外，其他项目的占比也在不断地变化。对于资产负债表的这种各项目的资本结构占比的对比分析、增减变动分析，就是资产负债表的垂直分析。

偿债能力实战分析

银行为什么贷款给我们？我们为什么能按揭买车买房？个人收入良好、有房产抵押、信用良好和社保公积金购买足月等因素，从根本上来说，就证明你具有一定的偿债能力。那如果我们申请个人偿债能力丧失，是不是就不用还债了呢？很遗憾，个人的偿债能力一般不会丧失，除非出现精神问题而成为无民事行为能力的人，否则自然人的债务是需要偿还的。

企业同样具有偿债能力，那么如何看企业的偿债能力呢？企业的偿债能力简单说就是企业偿还短期和长期债务的能力，那么偿债的资金哪里来？主要来源有利润、固定资产折旧、无形资产及其他资产摊销费和其他还款资金。

如何看企业的偿债能力强弱呢？看下面一个例子。

A公司和B公司都为医疗公司，公司以医药产品的研发、生产和销售及技术转让为主要业务，两家公司通过如下的比率来作为公司的偿债能力指标，如表2-10所示。

表2-10　A、B企业偿债能力指标

项目	A企业	B企业
流动比率	24.87	2.97
速动比率	11.71	2.07
保守速动比率	11.71	2.07
产权比率	0.03	0.31
资产负债比率	2.64%	23.86%

因为企业存在短期和长期的负债，相对就有短期和长期偿债能力，一般可以通过流动比率、速动比率和现金比率等来反映企业的短期偿债能力；通过资产负债比率、产权比率和已获利息倍数等来反映企业的长期偿债能力。常用比率的计算公式及其简单介绍如下。

- **流动比率**：流动比率＝流动资产合计/流动负债合计，它意味着企业每一元的负债将用多少流动资产来偿还的一种承诺。
- **速动比率**：速动比率＝速动资产合计/流动负债合计，其中速动资产＝流动资产－存货－预付账款－一年内到期的非流动资产－其他流动资产，速动资产指企业中可以迅速转换成现金或已经是现金的资产。

◆ **现金比率**：现金比率 =（现金 + 现金等价物）/ 流动负债合计，表示企业每一元的负债，可以有多少现金及现金等价物来偿还。

◆ **资产负债比率**：资产负债比率 = 负债总额 / 资产总额 ×100%，它是衡量企业长期偿债能力的指标之一。

◆ **产权比率**：产权比率 = 负债总额 / 所有者权益总额 ×100%，该比率用来说明债权人和投资人提供的资金的相对关系，可以用来反映企业的财务结构是否合理与稳定。

一般对于产权比率来说，指标越低，说明企业的长期偿债能力越强，债权人承担的风险越小。当然该指标也进一步反映了所有者权益对于债权人资本的保障程度。若只看产权比率，案例中 A 优于 B。

通常，企业的资产负债率应小于 1，否则就是资不抵债，一般认为在 50% 以下说明企业的偿债能力较好。但企业大多数是负债经营，不同的利益主体对于资产负债率的期待是不一样的，作为债权人，会希望企业的资产负债率低一些，保证资金的安全；而企业所有者会希望资产负债率稍高一些，利用负债经营得到财务杠杆利益，从而提高资产负债率。

对于速动比率，一般该指标通常在 1 左右较好，但在实际分析企业短期偿债能力时，应结合企业的应收账款周转率、周转速度和变现能力等综合考查，如果应收账款、预付账款、待摊费用和其他流动资产等的变现能力较差或者无法变现时，要考虑这些项目的影响。

只看表 2–10 的数字，A 企业的速动比率是很高的，意味着企业的变现较快，或者存在的现金较多，但如果企业还有一大笔待摊费用需要支付，应收账款要一年或者一年以上才变现，那么意味着企业的短期偿债能力并没有指标中看到的那么高，所以具体还要综合考虑。

一般流动比率的指标越大说明企业的偿债能力越强，一般在 2 较好，但在实际分析时，还需要结合企业的存货周转、变现等指标来综合分析。如上例中，A、B 企业的流动比率都在 2 以上，还需要参考两家公司的存货周转率及周转天，A 企业的流动比率在 24.87，远远高于 2，但如果 A 企业的存货规模较大，周转速度较慢，那么可能企业的存货变现能力较低，则实际上企业的短期偿债能力可能就比指标反映的要弱化。

报表告诉的企业运营能力

试想一下，假如你是公司的总经理，你的手上有两类产品 A 和 B 在市场上销售。现在面临的情况是，A 畅销，且供不应求，B 销量一般，且存货较多，针对这种情况，你会怎么做?

A. 扩大 A 产品线

B. 低价卖出 B 产品的存货

无论哪一种答案，关键还是要看企业的运营能力。扩大 A 产品线会增加运营成本，虽然在一段时期内能增加销售收入，但是如果在市场饱和以及同行竞争下，价格可能会走低。如果是低价卖出 B 产品，并在处理存货的同时增加销售收入，但会不会亏本呢?

在日常生活中，我们常见一些低价处理，比如明明同一款牙膏，在其他超市售价 20 多元，而在另一家超市却能买两只。在不存在质量问题的前提下，后者这样销售真的不会亏本吗？看下面一个例子。

A 和 B 同为国内两家大型超市，平时都会做一些促销处理，根据两家公司 2019 年公布的财报数据可知，A 公司实现净利润 3.23 亿元，营业总收入 72.2 亿元，B 公司实现净利润 105.23 亿美元，营业总收入 5 003.43 亿美元，两家公司的运营能力指标如表 2-11 所示。

表 2-11　A、B 公司运营能力指标

项目	A 企业	B 企业
营业周期（天）	73.61	46.01
存货周转率（次）	4.98	8.60
存货周转天数（天）	72.22	41.86
应收账款周转天数	1.39	4.16
总资产周转率（次）	1.47	2.46

我们都听过一句话，要想低价卖，除非转得快。“转得快”简单来说就是企业的商品卖得快、收款快、变现快。从 A、B 两家公司的总资产周转率看，B 公司优于 A 公司，B 公司只需要投入 1 亿元，就能创造 2.46 亿元的营收，一般总资产周转率大于 1，说明公司的经营能力很好；大于 2，说明企业代表的这一流通行业经营能力特别强；如果小于 1，一般是一些特别烧钱或者奢侈品行业。企业的总资产周转率可以作为判断企业经营能力的指标之一。

对于存货的管理，也可以看到企业的经营能力。A 公司的存货一年可以周转近 5 次，72 天左右就卖出去了，而 B 公司的存货一年可以周转 8.6 次，42 天左右就可以卖出。总的来说，还是 B 优于 A，存货周转更快，变现也更快。

对于 A、B 两家公司来说，应收账款天数都小于 15 天，因此可以看出是现金交易型企业，我们可以看到 A 公司收现天数 1.39 天，B 企业是 4.16 天。

当然，看一家企业的经营能力除了看运作能力，盈利能力也是不可缺少的，同样以 A、B 两家公司的相关数据为例，如表 2-12 所示。

表 2-12 A、B 公司盈利能力指标

项目	A 公司	B 公司
净利率	4.46%	2.10%
毛利率	29.36%	25.37%
净资产收益率	13.10%	13.02%
营业利润率	5.18%	4.11%
基本每股收益	0.24	23.06

由上表可知，A 公司的毛利率和净利率都高于 B 公司，营业利润率也高于 B 公司，但是从股价看，基本每股收益远低于 B 公司。

就如同我们身体健康与否，不能只体检一个项目一样，我们需要看多个数据指标才能做出判断。对于企业经营来说，不能只看一张报表或者几个数据指标，要多张报表、多个指标一起综合考量。从运营能力来说，B 公司是优于 A 的，但是获利方面，根据财报数据，很明显在同一会计期间 A 公司优于 B 公司。一个企业是否优秀，是看获利能力还是经营能力？针对这个问题，仁者见仁，智者见智，关键还是要看你站在什么角度考量，债权人？股东？还是经理人？

资产质量小分析

刘女士毕业后一直忙于个人事业，转眼间就快到 30 岁了。最近又快到年底，姑妈给她介绍了两个人，希望她见一见，聊一聊。姑妈在介绍的时候说，他们人品不错，家底大相径庭，其中甲有银行存款 50 万元，股票债券基金近

50 万元，暂无房；乙做点小生意，每月收入 2 万 ~ 3 万元，银行负债 20 万元，有按揭车一辆、房一套。

在人品都优质的前提下，如果只论家底，谁的资产质量更高一些呢？就像甲乙两者的家底一样，不同的企业也会存在不同的家底，具有不同的资产。同样的 100 万元资产，哪一家的资产更优质呢？

一个企业的资产质量对于判断一个企业的价值、发展能力和偿债能力都有重要的作用，看下面一个例子。

A 企业为一家零售企业，根据其公布的财务数据，近 3 年的资产负债表情况如表 2-13 所示。

表 2-13 A 公司近 3 年资产负债表比较 单位：亿元

项目	2019 年 12 月 31 日	2018 年 12 月 31 日	2017 年 12 月 31 日
流动资产	4.46%	2.10%	
货币资金	11.15	8.88	3.65
应收账款	0.3032 68	0.252 402	0.227 852
预付款项	3.09	2.61	2.66
存货	9.91	10.56	10.43
其他流动资产	3.806 732	0.717 598	1.322 148
流动资产合计	28.26	23.02	18.29
非流动资产			
长期股权投资	4.76	4.21	4.46
固定资产	11.03	11.59	11.66
无形资产	3.08	3.55	3.99
……	—	—	—
资产合计	47.94	43.08	39.87

从企业的资产总体看，企业近 3 年来，资产总额是在增加的，从最初的 39.87 亿元增加到 2019 年底的 47.94 亿元。从资产的结构看，在最近一期年末，在 28.26 亿元的流动资产中，货币资金 11.15 亿元、应收账款 0.303268 亿元、预付款项 3.09 亿元、存货 9.91 亿元；在非流动资产中，长期股权投资 4.76 亿元、固定资产 11.03 亿元、无形资产 3.08 亿元。在总计 47.94 亿元的资产中，存货、固定资产和无形资产占据了较大比例，说明企业需要提高自身的变现能力和经营能力，采取措施将存货出库，收回应收账款，提高存货周转率。

除了如上的多年资产负债表的对比分析，对于资产的质量分析，我们还可以具体到每一个项目所占的比重变化，如表 2–14 所示的是 B 公司的资产项目情况。

表 2–14　B 公司资产负债表各个项目占比分析　　　　单位：元

项目	2018 年	2019 年	2018（%）	2019（%）
流动资产				
货币资金	346 864 417.75	422 233 694.47	9.33	13.33
应收账款	287 605 443.29	139 851 123.20	7.74	4.41
其他应收款	11 494 873.79	9 218 662.81	0.31	0.29
存货	664 695 248.63	583 495 273.39	17.88	18.42
……	—	—		
资产合计	3 718 208 624.62	3 167 720 551.24	100	100

如上表所示，企业的货币资金是不断增加的，其中，货币资金在总资产中的占比由 2018 年的 9.33% 增加到了 13.33%，而根据其公布的现金流量表看，获得的现金不是企业的贷款，而是企业经营所得的现金流量，说明 B 公司的货币资产的质量还是不错的。

从应收账款和其他应收款的变动来看，应收账款的比例有所降低，而据

数据公布，当年企业的坏账也在减少，说明企业的应收账款的变现质量有所提高。

对于 B 公司的存货来说，总体在减少，但在资产中所占的比重却由 17.88% 增加到 18.42%，在 B 公司财务报表中并没有对存货内容进行揭露，在报表附注中，我们也没有看到其存货的构成、规模和减值准备计提的情况。我们所能看到的仅仅是合并报表的存货资料。一般对于存货，应结合其减值准备、存货周转速度和毛利率的水平等多项因素来判断该项目的质量高低。

当然除上述这些资产分析外，企业的其他资产分析大同小异，最根本的是，我们要记住多张报表一起分析，不能只看单一数据就判断企业经营好坏。

把握报表的关键指标

我们每月通过各种记账 APP，记录收入、消费、投资和借贷等关键指标，到月底时，我们可以进一步分析收入结构、财务实力、支付能力和偿债能力等。对于企业来说，通过对资产负债表的关键指标进行分析，我们也可以看到企业的资本结构、财务实力和偿债能力等，为企业的下一步经营决策提供依据。

那么，资产负债表的关键指标都有哪些呢？看下面的例子。

刘韬和张文都是 A 公司新招的市场专员，在周一大会后，市场经理留下他俩，让他们做一份关于 C 公司的财务分析报告，3 天后交给他。

刘韬和张文都是非财务专业毕业，所以对财务报表也是一知半解，刘韬想从资产负债表入手，因为资产负债表数据最多、最全面。张文则建议从利润表入手，毕竟利润表能反映企业赚钱还是亏钱。二者各执己见，最后还是

同事温某给他们建议，从资产负债表入手最好。

首先，他们找到C公司最近年度资产负债表的相关数据，如表2-15所示。

表2-15　资产负债表

资产负债表 2019 年 12 月 31 日 编制单位：×××股份有限公司 单位：元　币种：人民币			
项目	附注	期末余额	期初余额
流动资产			
货币资金		552 000 000	909 000 000
应收账款		167 000 000	211 000 000
存货		482 000 000	620 000 000
……		—	—
流动资产合计		1 624 000 000	2 158 000 000
非流动资产			
可供出售金融资产		1 026 000 000	426 000 000
……		—	—
非流动资产合计		4 491 000 000	4 038 000 000
资产总计		6 115 000 000	6 196 000 000
流动负债：			
短期借款		500 000 000	1 000 000 000
……			
流动负债合计		2 243 000 000	2 353 000 000
非流动负债合计		268 000 000	219 000 000
负债合计		2 511 000 000	2 572 000 000
负债和所有者权益总计		6 115 000 000	6 196 000 000

根据资产负债表的相关数据，刘韬主要总结了企业的运营能力指标，而张文总结了企业的偿债能力指标，如表 2-16 所示。

表 2-16　C 公司运营能力和偿债能力指标

项目	2019 年	项目	2019 年
运营能力指标		**偿债能力指标**	
营业周期（天）	72.21	流动比率	0.72
存货周转率（次）	6.48	速动比率	0.35
存货周转天数（天）	55.59	产权比率	0.77
应收账款周转天数（天）	16.62	资产负债比率	41.07%

刘韬认为可以从企业的资产负债表中，了解企业营业周期、存货、应收账款等的管理，看企业的运营能力如何，而张文认为通过资产负债表可以计算出相关的流动比率、速动比率和资产负债率等指标结果，从而去判断企业的偿债能力。

资产负债表中的主要指标一般包括流动比率、资产负债比率、总资产周转率、存货周转率、资产利润率和应收账款周转率等，这些指标都体现了企业对于资产的周转利用如何。如总资产周转率，它就体现了企业的总资产在一年内创造了多少销售收入或周转额情况。我们一直在说多张报表一起看，了解企业经营如何，因此需要综合多项指标。如表 2-17 所示。

表 2-17　C 公司盈利能力和成长能力指标

项目	2019 年	项目	2019 年
盈利能力指标		**成长能力指标**	
销售净利率	1.61%	净利润	64 740 300
销售毛利率	12.88%	净利润同比增长率	−35.86%
净资产收益率	1.99%	营收同比增长率	0.4%

活编资产负债表

当领导让我们临时写一份公文，不会写，怎么办？没关系，只要有写作材料，就不是大问题，毕竟大多数公文都有其固定的模板。而如果资产负债表不会编制、编制得不专业该怎么办呢？没关系，资产负债表也有其固定的模板。

资产负债表一般由表首、正表和补充资料等组成，其中表首一般包括报表名称、编制单位、编报日期和货币单位等。而正表主要包括三大类数据，资产、负债和所有者权益，其中，资产又包括流动资产和非流动资产，负债包括流动负债和非流动负债。以 F 股份有限公司的资产负债表进行说明，如表 2-18 所示。

表 2-18　资产负债表

资产负债表 2019 年 12 月 31 日 编制单位：F 股份有限公司 单位：元 币种：人民币			
项目	附注	期末余额	期初余额
流动资产			
货币资金	1	552 278 849.57	908 744 120.53
应收票据及应收账款	4	171 296 596.11	214 237 614.67
预付款项	5	307 789 007.96	258 972 103.16
其他应收款	6	62 461 280.38	94 233 079.06
存货	7	481 613 748.56	619 930 812.02

续表

一年内到期的非流动资产	9	2 906 101.75	—
其他流动资产		45 305 869.79	60 324 865.07
流动资产合计		1 623 651 454.12	2 156 442 594.51
非流动资产			
可供出售金融资产	11	1 025 626 095.61	426 176 095.61
长期应收款	13	1 849 130.62	—
长期股权投资	14	64 262 320.77	59 846 777.33
投资性房地产	15	74 055 797.78	69 151 848.19
固定资产	16	1 868 868 991.40	2 051 396 054.35
在建工程	17	2 889 902.82	5 730 697.62
无形资产	20	1 304 856 367.75	1 307 564 346.23
商誉	22	4 017 153.09	4 017 153.09
长期待摊费用	23	24 766 281.50	31 078 713.39
递延所得税资产	24	61 971 107.38	72 647 931.68
其他非流动资产	25	57 957 241.88	10 170 887.55
非流动资产合计		4 491 120 390.60	4 037 780 505.04
资产总计		6 114 771 844.72	6 194 223 099.55
流动负债			
短期借款	26	500 000 000	1 000 000 000
应付票款及应付账款	29	192 981 225	268 649 068.6
预收款项	30	435 611 448.8	440 715 140.08
应付职工薪酬	31	116 874 908.97	114 030 217.64
应交税费	32	84 352 530.12	110 536 566.4
其他应付款	33	388 424 181.73	418 588 858.41
一年内到期的非流动负债	35	24 654 515.42	—

续表

其他流动负债		500 000 000	—
流动负债合计		2 242 898 810.04	2 352 519 851.13
非流动负债			
长期应付款	39	526 831 378.42	460 387 396.64
预计负债	41	30 805 664.72	33 062 395.62
递延收益	42	56 669 033.28	92 184 056
递延所得税负债		2 559 994.79	2 600 994.62
非流动负债合计		616 866 071.21	588 234 842.88
负债合计		2 859 764 881.25	2 940 754 694.01
所有者权益			
实收资本	44	1 053 362 191	1 053 362 191
资本公积	46	767 785 042.03	767 785 042.03
盈余公积	49	454 637 295.48	448 001 160.36
未分配利润	51	979 222 434.96	984 320 012.15
所有者权益总计		3 255 006 963.47	3 253 468 405.54
负债和所有者权益总计		6 114 771 844.72	6 194 223 099.55
法定代表人：叶 ×× 主管会计工作负责人：陈 ×× 会计机构负责人：刘 ××			

企业的流动资产包括了货币资金、应收票据及应收账款、其他应收款和存货等，而非流动资产包括长期应收款、长期股权投资、投资性房地产、固定资产、在建工程、无形资产和商誉等。即使行业不同，各企业的资产负债表中的资产和负债项目都类似，只是项目多少和数据大小有区别。

一般资产负债表的数据主要包括了某一会计年度的期末数据和期初数据，当期期初数据就是上一年度的期末数据，如 F 公司的 2019 年 12 月 31 日的资产负债表，其中“货币资金”的期初余额就是 2018 年 12 月 31 日资产负债表“货币资金”的期末余额。

对于资产负债表中的期末余额的填写，一般有两种方法，一是根据总账科目的余额填列，如“货币资金”项目，应根据“库存现金”“银行存款”和“其他货币资金”3 个总账科目余额的合计数填列。F 公司货币资金 2019 年期末及期初余额如表 2-19 所示。

表 2-19 货币资金期初、期末余额

货币资金 单位：元 币种：人民币		
项目	期末余额	期初余额
库存现金	132 916.84	281 044.18
银行存款	534 967 907.71	898 166 200.36
其他货币资金	17 178 025.02	10 296 875.99
总计	552 278 849.57	908 744 120.53

由上表可知，“货币资金”期末余额 =“库存现金”期末余额 +“银行存款”期末余额 +“其他货币资金”期末余额，总计为 552 278 849.57 元，这就是 F 公司 2019 年资产负债表中“货币资金”的期末数据来源。

二是根据明细账科目余额计算填列，“一年内到期的非流动资产”根据“一年内到期的长期应收款”明细科目期末余额填列。以 F 公司“一年内到期的非流动资产”为例，如表 2-20 所示

表 2-20 一年内到期的非流动资产

一年内到期的非流动资产 单位：元 币种：人民币		
项目	期末余额	期初余额
一年内到期的长期应收款	2 906 101.75	—
合计	2 906 101.75	—

而上表的数据正好就是资产负债表中的“一年内到期的非流动资产”的期末余额。资产负债表的编制很简单，利用固定的模板，添加各项目的期末数据和期初数据即可，期初数可以参考上一年度的期末数据。当然，在资产负债表中，最大的会计恒等式是：资产 = 负债 + 所有者权益，我们看到在 F 公司的资产负债表中，资产（6 114 771 844.72）= 负债（2 859 764 881.25）+ 所有者权益（3 255 006 963.47）。

当我们编写或者阅读一个企业的资产负债表时，主要就是看企业的资产、负债和所有者权益是怎样分布的；看在企业的总资产中，流动资产和非流动资产各自的比例；看企业的短期负债和长期负债。如果只是看报表的数字，可能会看不懂，甚至看不出任何问题，但是如果我们查看相应的比率，如总资产周转率、存货周转率、应收账款周转率、流动比率和速动比率等，是可以看到企业的经营状况的。

不同的行业、不同的商业模式和资本结构，企业资产负债表中涉及的会计科目也不相同，所以在查看企业的财报之前，对于企业的商业模式和业务流程进行一定的了解很有必要。

第3章

企业真的在赚钱吗，查利润表

当我们将钱存入银行，在保证资金安全的同时，更是为了获得一定的利息收入。

我们购买债券、股票或基金等，都是为了获得一定的投资收益，而要想获得一定的投资收益，了解债券、股票和基金背后的经营企业很重要，而要想了解这些企业，只了解企业的资产负债表远远不够，虽然我们可以从中了解企业的基本经营状况，有多少资产，有多少负债，甚至股东投资如何，但企业真的在赚钱吗？赚多少？亏钱吗？亏多少？今年投入多少？销售多少？费用多少……而这一切都可以在利润表中找到答案，本章就将对利润表进行详细说明。

用生活常识看利润表

首先，我们来做一个计算题，你每个月能存下多少钱？不管你身处哪个行业，收入如何，一般每个月可存下的钱或者透支的钱 = 每月收入 − 每月支出。简单以案例说明如下。

张女士毕业以后就一直在一家互联网公司做销售工作，每个月工资均在5 000 元～10 000 元，具体以当月的业绩为准，她还在业余之外帮朋友代售一些商品，每月收入在 2 000 元～5 000 元，而每月消费较大，具体如表 3-1 所示。

表 3-1　个人损益表

个人损益表 单位：元			
收入	11 月	10 月	9 月
工资收入	8 325	5 345	9 785
其他收入	4 197	2 135	3 467
支出			
衣	3 785	1 765	2 675
食	2 546	3 476	4 576
住	—	—	—
行	1 357	3 357	1 982
其他支出	3 821	2 821	2 749
结余	1 013	−3 939	1 270

从上例中我们可以看到，张女士 9 月能结余 1 270 元，10 月透支 3 939 元，

11 月结余 1 013 元，如果她将每月的结余都存下，那么 9 月和 11 月总计结余 2 283 元，但 10 月支出已经远远超出收入，还透支了 3 939 元，所以 10 月是不能存下存款的。

个人的损益表可以看成个人的利润表，如果将个人利润表和企业利润表进行对比，一般个人的“工资收入”就对应企业的“营业收入”；个人的“其他收入”就对应企业的“营业外收入”；个人每月支出中的“衣、食、住、行”等就可以对应企业的“营业总成本”，但企业的营业成本种类相对更多；个人每月存下来的钱就对应企业的税后净利润。具体如表 3-2 所示。

表 3-2　个人损益表与企业利润表的对比

个人利润表　单位（元）		企业利润表　单位（元）	
收入		**一、营业总收入**	248 000 000
工资收入	8 325	营业收入	248 000 000
其他收入	4 197		
支出		**二、营业总成本**	199 000 000
衣	3 785	营业成本	130 000 000
食	2 546	销售费用	11 331 600
住	—	研发费用	16 176 500
行	1 357	管理费用	23 806 600
教育	2 000	财务费用	6 688 100
父母金	1 000	……	……
其他支出	821	营业外收入	2 767 600
		营业外支出	203 100
（结余）每月存下的钱	1 013	**五、净利润**	46 764 000

看企业的利润表，简单来说就是看企业在一段时间内是赚钱还是亏钱，一段时间如果是一个月，则利润表就为月报；如果是一个季度，就为季度报；

如果是半年，就是半年报；一年就为年报。利润表反映的是企业一段时间内的损益，所以利润表上的数字是流量，而不是如资产负债表一样是当天余额，是定量。

细说主营业务收支

当你每月收入 1 万元，好不好？

当你每月收入 5 万元，好不好？

好不好，关键还是看每月花费多少。如果每月收入 5 万元，消费在 10 万元，那么 5 万元的收入对你来说就不好；如果你每个月的消费在 5 000 元，每月 1 万元的收入，对你来说，就相对较好。对于企业来说，也是同样的道理。

又是一个周末聚会后，张先生的老同学给他推荐了两款理财产品，老同学说投资收益都较好，他可以任选其一购买。

回到家后，他在网上对这两家公司进行了简单的了解，然后他特别关注了企业公布的相关数据，尤其是利润表，他从两家公司的利润表看到了相关数据如下。

根据年度财务报表公布的数据：A 公司的营业收入为 1.4 亿元，营业利润 1 544.79 万元，营业外收入 8.68 万元，净利润 1 198.52 万元，基本每股收益 0.34 元；B 公司的营业收入为 1.84 亿元，营业利润为 −1.68 亿元，营业外收入为 3.55 万元，净利润为 −1.73 万元，基本每股收益 −1.53 元。

看着 A、B 两家公司的利润表，他感到很困惑，明明 A 公司的营业收入 1.4 亿元是低于 B 公司的 1.84 亿元的，但是营业利润和净利润不仅不低于 B

公司，反而 B 公司还呈现一种负增长状态，甚至每股收益都为负，于是他对 A 公司推出的理财产品有点怀疑，真的像老同学说的投资收益很好呢，还是一个大坑呢？

一年营收在 1.84 亿元的企业，目前股价下跌，在亏损经营中；一年营收在 1.4 亿元的企业，股价上涨，企业稳步运营中。所以，对于企业的营收，金额大不一定更好，企业的营收不是绝对概念，而是相对数字，且如果能细分金额来源，就能更好地辨别好坏。

人们来自不同的行业，因此收入分类是不同的，对于企业亦如此，不同的行业，对于收入的说法不同，但在利润表中都称之为“主营业务收入”。对于工业企业及批发零售企业来说，它的主营业务收入一般为“产品销售收入”；建筑企业的主营业务收入一般为“工程结算收入”；房地产业企业的主营业务收入一般指“房地产经营收入”。

无论是哪个行业，一般企业都会存在市场和销售部门，这两个部门的存在是为了销售产品，所以对于大多数企业来说，主营业务收入一般都来自产品的销售收入，企业的销售收入是企业通过销售产品或者提供劳务所获得的货币收入或者应收款项。

一般还存在公式“销售收入 = 产品销售数量 × 产品单价”。如 C 公司生产的机器设备，根据型号不同，单价在 30 万元 ~ 100 万元，在上一年度，30 万元的设备销售了 200 台，50 万元的设备销售了 60 台，100 万元的设备销售了 30 台，根据相应公式计算销售收入为：30 × 200+50 × 60+100 × 30= 12 000（万元）。

我们常听销售人员说，最近接了一个大单，或者去见了大客户，一旦签约成功，这些大单或者大客户将为企业的销售收入做出大贡献。对于企业来说，如果企业的销售收入都来自一个或者两三个大客户，一方面只要经营好这几个大客户，企业的销售收入就搞定了，但另一方面，企业却很危险，如果这几个大客户不再与企业合作，那么将给企业经营带来较大的风险。

对于企业来说，如果A产品上市以后一直给企业赚钱，而B产品上市以后一直不受市场欢迎，最后还处于亏本状态，那么企业就需要调整产品线了，这就是为什么随着时代的发展，不同的企业都在研发、创新和升级，不断提高产品价值。

对于很多大型的企业，我们可以看到其产品根据区域来布局销售，如华北区域、华中区域和西南区域等。如果企业的销售收入都来源于同一个区域，如西南市场，那么企业的销售收入是极不稳定的，毕竟有行业竞争、客户风险和供应商风险等存在，一旦该区域销售受到严重影响，则整个企业的销售业绩就会受到明显的冲击，所以才会有那么多公司外派销售人员出去不同的地方扩展市场。

行业有句话说：铁打的产品、流水的销售。这句话主要说明企业的销售人员流动性很大，特别是在一些零售企业。销售人员的素质及技能对于销售收入的影响是干脆而直接的，同样是5万元一台的机器设备，有的销售人员一年能销售100台，有的销售人员一年却只能销售40台。所以对于企业来说，销售人员的管理也是相当重要的。

对企业来说，企业的客户、产品线、销售区域和销售人员管理等都是收入的重要影响因素，管理的不同造成企业不同的获利状况。

我们每个月有收入，也一定会有支出，企业也一样，与主营业务收入相对应的就是主营业务成本，主营业务成本是企业销售商品、提供劳务等经营性活动所发生的成本。

刘小姐毕业后和同学合开了一家互联网公司，快年底了，生意开始忙碌起来，最近A公司就向她的公司订购了一批商品，售价为10万元，增值税

额为 1.3 万元，在发货后的 3 天内，A 公司支付了全部货款，刘小姐清理库存，记录了该批商品的成本为 8 万元。

刘小姐公司卖出的价值 10 万元的商品，对她的公司来说，这 10 万元就是主营业务收入，而 8 万元就是主营业务成本。

企业一般在确认销售商品或者提供劳务的收入的同时（或者在月末）就需要将所售商品或提供劳务对应的成本转入主营业务成本，包括直接材料、直接人工和制造费用等。

直接材料

直接材料一般指在企业的生产经营中，实际消耗的直接用于产品的生产，并且能最终构成产品实体的各种材料及主要材料、外购半成品和辅助材料等。如服装厂的面料、纽扣以及花样等。

直接人工

直接人工简单理解就是企业在生产产品或提供劳务的过程中，直接从事产品生产的员工的工资、津贴、补贴、福利费以及社保等，会计上称为职工工资和职工福利费。

制造费用

制造费用是企业为了生产产品或者提供劳务而发生的各种间接费用，如水电费、办公费、固定资产折旧费和摊销费用等。

根据会计制度配比原则，在确认主营业务收入的当期必须同时确认主营业务成本。对于主营业务成本的计算，在本章后面小节我们将详细说明。

营业外收入越多越好吗

对于工薪一族来说，主要收入还是工资收入，可能因为个人规划以及家庭情况的不同，除了工资收入还有其他收入，比如理财收入、利息收入和兼职收入等。

而对于企业来说，主要收入是主营业务收入，此外还存在一种收入，两者共同构成企业收入，这类收入与企业的生产经营无直接关系，所以也被称为营业外收入。

首先，我们来做一个选择题。

你认为下面哪几项不属于企业的营业外收入？

A. 出售无形资产收益 15 万元

B. 政府补助 35 万元

C. M 公司违约，支付给公司 10 万元

D. 收到代垫运费 2000 元

你的答案是什么呢？

正确的答案是 A 和 D，正常经营情况下出售无形资产计入资产处置损益，但已经没有价值的无形资产在处置时按报废处理，收益计入“营业外收入”。D 未收回时，一般计入企业的应收款项，收回后计入银行存款，其他项都属于企业的营业外收入。

①如果我有一台电脑，二手处理得 2 000 元。

这属于处置固定资产利得，只是我们没有用专业术语。

②每年我将注册会计师证挂靠企业，企业给我 3 万元。

这属于处置无形资产利得，属于资产处置收益的一种。

③本来这个月要还给弟弟 1 000 元，他说不用还。

这属于债权人撤销权利而无法支付的应付款项，同样是营业外收入。

④前几天过生日，妈妈给了我 5 000 元的红包。

这属于外来援助收入，对于企业来说，一般是政府补助。

⑤我们 A 团队和 B 团队 PK，对方团队输了，被罚款 50 元，我们团队一人分得 5 元。

这叫作罚款收入，但企业的罚款收入更严重，一般指对方违反了行政规定，按照规定支付给本企业的罚款，不包括银行的罚息。

⑥我们企业有员工家属幼儿园，教育部每年给企业补助 5 万元。

这就是教育费附加返还款，同样是企业的营业外收入。

企业的营业外收入除了如上的因债权人原因确实无法支付的应付款项、政府补助、罚款收入以及教育费附加返还款以外，一般还包括了债务重组利得、企业合并损益以及盘盈利得等。

我们希望每个月自己的收入越多越好，企业也一样，除了不断增加主营业务收入，那么还需要不断增加营业外收入吗？营业外收入对于企业来说是越多越好吗？

【例 1】

A 公司为环保公司，主营业务为臭氧设备及系统的研发、测试及销售，在 2019 年年报中，根据其公布的利润表，部分财务数据如表 3–3 所示。

表 3-3　A 公司最近年度利润表

利润表 编制单位：×××环保科技股份有限公司 单位：元 币种：人民币		
项目	2019 年 12 月 31 日	2018 年 12 月 31 日
一、营业总收入	335 000 000	213 000 000
其中：营业收入	335 000 000	213 000 000
二、营业总成本	264 000 000	168 000 000
其中：营业成本	198 000 000	123 000 000
税金及附加	4 236 000	4 063 400
销售费用	23 092 200	16 047 200
管理费用	14 405 000	11 107 700
研发费用	13 102 300	11 278 200
财务费用	2 002 800	2 171 700
资产减值损失	8 223 700	648 200
……	……	……
加：其他收益	2 293 800	6 069 700
……	……	……
三、营业利润（亏损以“—”号填列）	73 694 700	50 914 400
加：营业外收入	123 400	280 000
减：营业外支出	2 023 300	—
四、利润总额（亏损总额以“—”号填列）	71 794 800	51 194 400
减：所得税费用	10 222 900	6 985 800
五、净利润（净亏损以“—”号填列）	61 571 900	44 208 600
六、每股收益：		

续表

（一）基本每股收益（元/股）	1.52	1.12
（二）稀释每股收益（元/股）	1.52	1.12
七、综合收益总额	61 571 900	44 208 600

【例 2】

B公司也为环保公司，主营业务为节能、环保及新能源设备的生产及销售，在2019年年报中，根据其公布的利润表，部分财务数据如表3-4所示。

表3-4　B公司最近年度利润表

利润表 **编制单位：×××环保科技股份有限公司** **单位：元　币种：人民币**		
项目	**2019年12月31日**	**2018年12月31日**
一、营业总收入	526 000 000	662 000 000
其中：营业收入	526 000 000	662 000 000
二、营业总成本	991 000 000	768 000 000
其中：营业成本	452 000 000	524 000 000
税金及附加	6 997 000	7 225 500
销售费用	30 841 100	30 965 800
管理费用	130 000 000	102 000 000
研发费用	31 513 900	24 721 000
财务费用	13 850 600	19 533 500
资产减值损失	326 000 000	59 045 600
……	……	……
加：投资收益	−15 044 800	72 808 600
……	……	……

续表

三、营业利润（亏损以“－”号填列）	−461 000 000	13 836 900
加：营业外收入	4 459 300	3 770 100
减：营业外支出	42 665 000	6 935 700
四、利润总额（亏损总额以“－”号填列）	−499 205 700	10 671 300
减：所得税费用	10 154 300	7 946 100
五、净利润（净亏损以“－”号填列）	−509 360 000	2 725 200
六、每股收益：		
（一）基本每股收益(元/股)	−0.67	0.01
（二）稀释每股收益(元/股)	−0.67	0.01
七、综合收益总额	−509 360 000	2 725 200

通过A、B两家公司的利润表可知，2019年末，A公司的营业收入为3.35亿元，营业外收入为12.34万元，利润总额为7 179.48万元，净利润为6 157.19万元，每股收益为1.52元；B公司的营业收入为5.26亿元，营业外收入为445.93万元，利润总额为−4.992 057亿元，净利润为−5.093 6亿元，每股收益为−0.67元。

通过比较可知，无论是营业收入还是营业外收入，A公司都明显低于B公司，但是为什么B公司当年还亏损了5.093 6亿元呢？

通过利润表我们可以看到，B公司当年的营业成本及费用为9.91亿元，远远超过当年的营业收入5.26亿元，其中资产减值损失、投资损失和管理费用等金额都较大，因此导致B公司最终出现大额亏损。

所以对企业的经营来说，营业外收入和营业收入都不是越多越好的，重点还是要综合看企业的其他指标，尤其是企业的成本和费用。

经营周期怎么算

一般企业都会在月中或者月末给员工发工资，所以一个月就是员工的收入周期。对于企业来说，同样具有这样的收入周期，在会计学上我们叫作经营周期，那么企业的经营周期怎么算呢？

【例 1】

张女士在工作几年后，决定和朋友一起创业，因为以前一直从事外贸方面的工作，于是和朋友商量下还是决定做老本行，从以前熟悉的供应商那里取货，和对方约定 60 天付款，3 个月采购一次。

由于利用了以前的经验，在开业一个月后，公司就有了第一笔订单，然后第二个月、第三个月开始订单慢慢增加。为了留住客户，张女士和客户约定，订单可在 60 天内付款。创业半年后，收入开始有所增长，客户基本都在约定时期内付款，扣除成本费用后，在一年后开始有获利。

【例 2】

刘女士以前一直从事零售方面的工作，工作 5 年后，她在家附近开了一家小面馆，主要客户是附近的上班族。一个月的房租水电费要两万元，请了一个厨师，自己兼做收银和服务员，不过现在都是支付宝或者微信支付，所以她收银的时间不多，主要还是负责服务这一块。

为了保证食材新鲜，她都每天进货，面馆的供货商们是老朋友，都同意给她 30 天付款期。开业后面馆生意很好，第一个月的营业很可观，第二个月、第三个月略有下降，3 个月以后业务基本平稳，然后她将 3 个月的收入、成本及费用等进行了合计，发现是不赚不赔，第一个月甚至亏本 2 000 元，她感觉很意外。

一般来说，企业从购买原材料（a）→加工生产（b）→存货（c）→付款给供应商（d）→销售存货（e）→收到货款（f）的这个过程就是企业的经营周期。从我们前面说过的周转天数来理解，一般从 a → d 的过程就是应付账款周转天数；从 a → e 的过程就是存货周转天数；从 e → f 是应收账款周转天数；d → f 是企业的现金转换期。其中，经营周期 = 存货周转天数 + 应收账款周转天数，或者经营周期 = 应付账款周转天数 + 现金转换期天数。

对于张女士来说，存货周转天数是 60 天，应付账款周转天数是 60 天，应收账款周转天数是 60 天，现金周转期也是 60 天。而存货周转天数 60 天 + 应收账款周转天数 60 天 =120 天，因此张女士的经营周期是 120 天。

对于刘女士来说，存货周转天数是 30 天，应付账款周转天数是 30 天，因为采用的是微信或支付宝都属于现金交易，所以应收账款周转天数 0 天，现金周转期 0 天。而存货周转天数 30 天 + 应收账款周转天数 0 天 =30 天，因此张女士的经营周期是 30 天。

如果刘女士的面馆每天开销要 6 000 元，就需要准备 6 000×30=18 000（元），才能走完一趟生意周期。以一年 360 天计算，360/30=12（次），也就是说，面馆的存货或应收账款每年可以支持企业做 12 趟生意。

对于大多数企业来说，一般经营周期就是企业的营业周期。来看下面一个例子。

A、B 两企业都为医疗公司，其中 A 主营医用制品装配自动化设备的研发、设计、生产与销售，不同型号不同单价，总计销售 286 台，营业收入 1.12 亿元；B 企业主营超声医学影像设备的研发、制造和销售，去年生产同一型号产品 8 837 台，销售 8 621 台，营业收入 3.27 亿元。

而在两家企业公布的相关财务数据中，两家公司都作出了相应的指标分析，如表 3–5 所示。

表 3–5 运营能力指标

项目	A 公司运营能力指标	B 公司运营能力指标
存货周转率（次）	0.72	2.38
存货周转天数（天）	500	151.26
应收账款周转天数（天）	189.01	51.91
营业周期（天）	689.01	203.17

从上例可知，A 公司的营业周期 = 应收账款周转天数（189.01）+ 存货周转天数（500）=689.01（天），B 公司的营业周期 = 应收账款周转天数（51.91）+ 存货周转天数（151.26）=203.17（天）。相对来说，B 公司的营业周期更短，一年如果以 365 天计算，可以做 1.8 趟生意；而 A 公司的营业周期超过了 365 天，1.9 年才能做一趟生意。

营业周期的计算相对简单，只要计算出存货周转天数和应收账款周转天数即可。而对于这两个数据的计算，在上一章节的资产负债表中我们有详细的说明，忘记的小伙伴可以回头看看。

盈利能力如何看

张先生和刘先生都是房产销售人员，张先生一个月卖出了 10 套房子，而刘先生一个月租出了 10 套房子，在你看来，谁的收入较好，是张先生还是刘先生？

从当月的业绩和佣金来看，是张先生更好，但是从长远来看，还是刘先生的收入更好，为什么呢？一般来说，一个月能卖出10套房子，除了销售技巧，还有机遇，下个月呢？下个月能保证卖出10套吗？这类收入可以看成一次性收入，不可预期，也具有极大的偶然性。

而租出的10套房子，即使下个月有两家不再续约，那么下个月至少还有8家是可以持续租下去的，这体现的就是一种长期稳定的获利能力。

对于企业的盈利能力，暂时的高低不重要，关键是长期、稳定的获利能力。企业的盈利能力就是企业获取利润的能力，看企业是否赚钱，主要还是看它的盈利能力。对于盈利能力，企业同样具有相应的指标。

盈利能力的指标主要包括销售毛利率、销售净利率和净资产收益率等。简单说明如下。

销售毛利率

销售毛利率就是企业的每一元销售收入中，具有多少毛利，从而根据该比率判断企业的成本是否控制得当。一般存在公式“销售毛利率＝销售毛利 ÷ 销售收入净额 ×100%”。

如某公司销售毛衣，毛衣的售价为350元，成本价格262元，那么根据相应公式，销售毛利率＝（350−262）/350×100%=25.14%。一般根据该指标，公司可以和同行的其他公司相比较，如果比率高于同行业的平均水平，那么就意味着该公司在日常经营中，成本控制是适当的，获利能力也不错，相反，如果低于平均水平，说明企业在成本控制方面还存在一定的缺陷，需要企业加强成本管理。

当然，因为现在的企业其产品都不止一种，不同的产品给企业带来的获利能力是不同的。如A公司生产了甲、乙、丙3种产品，其中甲产品的

销售毛利率为 24%，销量占比 48%；乙产品的销售毛利率为 32%，销量占比 37%；丙产品的销售毛利率为 44%，销量占比 15%；如果仅从销售毛利率看，企业可以大力发展乙和丙两种产品，但是从销售量占比看，甲也会是不错的选择。所以在看企业的获利能力时，除了关注销售毛利率，还要看其他的盈利指标。

销售净利率

销售净利率简单说就是企业每收入一元能净赚多少钱，常用公式为"销售净利率 =（净利润 / 销售收入）× 100%"。如 A 公司某年度的销售收入为 8.42 亿元，税后净利润为 1.2 亿元，那么根据相应的公式可得：销售净利率 =（净利润 / 销售收入）× 100%=1.2/8.42 × 100%=14.25%。

企业的销售净利率一般和企业的销售毛利率一起看，如果两者相差不大，说明企业费用控制得较好。

净资产收益率

净资产收益率又叫作股东权益报酬率或净资产利润率，是净利润与平均股东权益的百分比，反映的是企业通过股东的资金获取利润的能力，常用的计算公式为：净资产收益率 = 净利润 / 净资产。一般该利率越高，说明权益资本带来的收益越高。

公司的净资产收益率多少合适呢？特别是上市公司，一般来说越高越好，但下限一般不能低于银行利率。如将一万元存入银行，一年期的定期存款利率为 1.35%，那么其他条件忽略不计的情况下，这一万元的净资产收益率就为 1.35%。如果某公司的净资产收益率低于 1.35%，说明该公司的投资收益不太理想。

净利润才是王道

如果你是一家公司的总经理，股东们要求你在年底之前对提高明年的企业净利润做出规划，现在你想到两种方案。

A. 增加明年的销售收入

B. 降低明年的营业成本

两种方案各有优劣，也可同时进行。但是你要明白，鱼与熊掌不可兼得。如果你选择增加销售收入，就好像在爬山，虽然有跌倒的可能，但是只要方法适当，管理到位，总是向上的。今年销售收入 1.2 亿元，明年可能 2.5 亿元，后年可能 5.2 亿元，没有上限。

如果你选择控制成本或费用，就好像在下山，一直往下，山的台阶可能为 0，但是成本费用永远不可能为 0，就好像我们活着，每月就不可能不消费。过度的成本控制可能会对企业的正常经营带来一定的影响。如公司突然取消团建、下午茶或节假日福利，对于企业长久经营是不利的。

当然，对于企业的成本费用，控制是必须的，但措施和手段要合情合理，看下面例子。

章先生毕业后就和两个要好的同学一起创业，到目前已经快 10 年了，不管经济好坏，企业的营业收入都在 0.8 亿 ~ 1.5 亿元之间。为了提高企业的净利润，他和其余两位股东商量后，制定了一个方案。

从明年起，如果企业的营业收入超过 3 亿元，企业产生的毛利 90% 留存公司，10% 分红给员工；如果有员工对于企业的成本与费用控制有新的创意，

并且大家都能接受，一旦被公司采用，公司每月节省下来的成本中 3% 给提出方案的员工本人，5% 提供给员工所在的团队。

该方案提出后，员工工作比以前更积极，并不时地会有各种提高收入或者降低成本的方案提出。

章先生在提高净利润的事情上，同样想出了两种办法：提高营业收入和降低成本费用，但是他没有强硬执行，而是将主动权交到了员工手里，这就相当于花钱向有才能的人买更赚钱的方案，如果方案可行，那么对公司的长远发展是有利的。

企业是增加收入还是降低成本费用，没有标准答案，只要比例合适，资源再创造，保持长期、稳定的获利能力是关键。

对于增加企业的营业收入，低价竞争一般最无效，容易将企业困死局中，所以无论是研发新产品、扩展销售市场、投资新领域、增加新应用或产能升级等，要多方面地去增加企业的营业收入，发现公司的市场优势，实现资源利用新升级，扩展资源利用平台，提高核心竞争力，增加企业销售收入，提高净利。

利润如何进行分配

对于个人或者家庭来说，每个月都会发生结余或者透支。那么如果有结余，家庭一般是如何进行分配的呢？

如果企业今年净利润有 5 000 万元，是完全拿来给股东分红，还是给员工涨工资发大奖呢？

如果你是一家之主，你会怎么做？如果你是企业负责人，你又会怎么做？

【例 1】

吴先生和妻子都是工薪一族，吴先生税后月收入在 1.5 万元左右，妻子税后收入在 6 500 元左右，两人年终奖约 5 万元，家庭年收入 30.8 万元。家里还有一个两岁左右的宝宝，父母帮忙带孩子，家庭每个月生活费 1 万元左右，房租水电费 5 000 元，家庭年支出 18 万元，年结余 12.8 万元。

对于年底结余的这 12.8 万元，吴先生和妻子商量了一番，到年底时一次性给双方父母共 1 万元，总计 2 万元，年底各种花费预计 2 万元，5 万元存了银行定期，2 万元买了银行理财产品，剩余的 1.8 万元给宝宝存为家庭教育基金。

到了第二年，收入和支出在细微变动后，家庭年结余 10 万元，除了给双方父母总计 2 万元外，年底共花费 3 万元，剩余的 5 万元全部存入银行。

【例 2】

A 公司为一家智能科技公司，主营智能设备及组件的研发、生产和销售。在 2019 年 12 月 31 日的财务报表中，利润总额 1.22 亿元，所得税费用 3 050 万元，净利润 9 150 万元，其中归属于母公司所有者的净利润为 8 559.15 万元，少数股东损益 693.25 万元，扣除非经常性的损益后的净利润为 8 229.61 万元，而根据其他报表的相关数据，计入未分配利润 7 300 万元。

对于家庭的结余，吴先生主要用于生活理财和支出，如将 12.8 万元的结余分别存为银行定期、购买银行理财产品以及存宝宝的教育金，都属于生活理财，而给双方父母的年底孝顺金和年底消费都属于支出。对于家庭的结余情况，一般可以参考家庭结余率，如“结余比率 = 年结余 / 税后年收入”，“月结余率 =（月收入 – 月支出）/ 月收入”，其中收入一般指的是税后收入。

以吴先生家庭为例，家庭的月收入为 2.15 万元，家庭支出为 1.5 万元，

根据公式，月结余率就为 30.23%。一般月结余率的参考数值为 30%，家庭结余反映的是家庭提高净资产收益率的能力，是资产增值的重要指标，月结余低于 30% 说明家庭需要增加收入或控制支出；高于 30%，说明家庭资产增值很快的同时，适当的支出是必要的。当然每个家庭所处的阶段和收入水平都不一样，所以多少收入合适？多少支出最佳？具体问题需要具体分析。

A 企业对于当年的结余即利润的分配，通过例 2 我们可以看到，主要表现为缴纳所得税，如利润总额为 1.22 亿元，其中计提了所得税费用 3 050 万元，然后得到净利润 9 150 万元，将净利润中的 8 559.15 万元归属于母公司，股东损益为 693.25 万元，最后计入未分配利润的金额为 7 300 万元，没有计提盈余公积。

对于企业利润，一般需要遵循一定的分配程序，根据相关的法律规定，企业当年实现的利润总额需要根据相关税法缴纳相应的所得税，再对净利润进行如下的分配。

弥补以前年度的亏损

根据我国的财务和相关税务制度，企业的年度亏损可以由下一年度的税前利润弥补，下一年度的税前利润还是不能弥补完的，由以后年度弥补，但是不能超过 5 年。5 年内不足弥补的，用第 6 年的税后利润弥补，即净利润。当期净利润 + 年初未分配利润 = 企业当年可供分配的利润，一般可供分配的利润大于零，企业才能进行后续分配。

提取盈余公积金

根据相关的法律规定，法定盈余公积的提取比例为当年税后利润的 10%，如果提取的法定盈余公积金已经达到注册资本的 50%，可不再提取。如果公司用盈余公积转增了资本，则剩余的法定盈余公积金要大于转增前的注册资本的 25%。

提取任意公积金

根据相关的法律规定，企业从净利润中提取法定盈余公积金后，如果股东提议并一致决定，还可以提取任意盈余公积金。

股东分红

一般当公司弥补往年亏损和提取公积金后还有可供分配的利润，可以考虑向股东分配红利，根据公司的约定分红，如按持股比例。但如果给股东分红是在弥补亏损和提取公积金之前，股东分配到的利润不符合相关规定，需要退还给公司。

成本费用少不了

我们每个月的工资能不能完全存下？当然能！

我们每个月能不能完全不消费？当然不能！

对于企业来说，生产产品、销售产品并获得销售收入，这一过程中的各环节都将产生成本或费用。就像销售人员的工资分为固定工资和变动工资一样，成本和费用同样分为固定成本和变动成本。

刘女士今年因为有了宝宝，于是在家人的支持下，辞职后和朋友合开了一家化妆品店，其中房租每月 12 000 元，请了两名员工，每人每月工资 3 500 元，每人每月生活补贴 1 000 元，每月水电费 200 元。从开业后，每天的收入在 1 000 ~ 2 000 元之间，作为小经销商，每月产品成本在 600 ~ 1 200 元之间。

3 个月后每天收入稳定在 2 000 元左右，每月产品成本在 1 200 元左右。

对于刘女士的化妆品店来说，每月的收入 30 000 ~ 60 000 元就是销售收入，18 000 ~ 36 000 元就是每月的产品成本。随销量变动而变动是变动成本；而每月的房租 12 000 元、水电费 200 元、员工工资及生活补贴 9 000 元都属于固定成本。

3 个月后，刘女士的化妆品店每月稳定的销售收入为：2 000×30=60 000（元），销售成本 = 产品成本 + 其他成本 =1 200×30+12 000+3 500×2+1 000×2+200=57 200（元）。

和刘女士的化妆品店一样，企业成本也存在固定成本和变动成本之说，但企业的费用更多。如 A 公司一年的销售收入是 2.48 亿元，营业总成本 1.99 亿元，其中固定成本 1.3 亿元，那么根据“总成本 = 固定成本 + 变动成本”可知，“变动成本 = 总成本 − 变动成本”，可得到变动成本为 0.69 亿元。

在企业的利润表中我们看到，在总成本中还有费用，常见的费用一般有销售费用、管理费用、研发费用、折旧费用、分期摊销和财务费用等。如 A 公司的销售费用为 1 133.16 万元、管理费用为 2 380.66 万元、研发费用为 1 617.65 万元、财务费用为 668.81 万元、折旧费用为 499.30 万元，总计 6 299.58 万元。

假设 A 公司总销售收入 M= 单价 × 数量 =PQ，总成本 N= 固定成本 + 变动成本，其中单价为 20 万元一台，当企业不亏也不赚时，总收入 = 总成本，200 000×Q=248 000 000，Q=1 240 台，因此，每月需要卖出约 103 台（1 240/12），企业才能不赚不陪。

根据如上的情况，我们可以思考几个问题。

①如果这个月公司一台设备都未卖出去，这个月会亏多少钱？

每个月都有固定成本费用，因此会亏损 1 083.33 万元（13 000/12）。

②每卖一件产品能赚多少钱？

在计算每卖一件产品能赚多少钱时，一般会使用到公式：售价－变动成本－费用。根据上述数据，可计算出结果：93 551.78 元（20 000−69 000 000/1 240−62 995 800/1 240）。

③如果这个月卖出 200 台，赚了多少钱？

因为每个月卖出 103 台时才能不赚不陪，现在卖出了 200 台，那么就代表多卖出了 97 台，由于每卖一台能多赚 93 551.78 元，因此卖出 200 台可赚：97×93 551.78=9 074 522.66（元）。

④如果这个月公司只卖出了 50 台，企业要少赚多少钱？

因为每个月要卖出 103 台才能不赚不赔，所以如果当月只卖出了 50 台，那么就少卖了 53 台，这个月就少赚 53×93 551.78=4 958 244.34（元）。

在企业实际经营中，收入或大于成本，或小于成本，就好像天平的两边，一边是收入，一边是成本，中间存在一个平衡点，对于企业来说，找到这个平衡点是很重要的。

张先生和朋友合开了一家火锅店，每月营业额 50 万元，年营业额为 600 万元，餐厅的毛利率为 52%，每月租金加物业费 10 万元，其中除去后厨和其他区域，营业区域有 150 平方米，可以摆下 25 张桌子。员工 15 人，工资每月 13 万元。

针对该例，我们可以思考几个问题。

①餐厅每月的销售成本是多少？

因为餐厅的毛利率是 52%，所以餐厅每月的销售成本就为：50×（1−52%）=24（万元）。

②餐厅每月的人工成本是多少？

每月工资 13 万元，每月人工成本就为 13 万元。

③餐厅每月的固定成本是多少？

每月的租金、物业费和员工工资都是固定的，总计为 23 万元。这是每个月固定的开支，所以固定成本至少应在 23 万元以上。

④张先生的火锅店每月每桌至少完成多少营业额？

因为餐厅的毛利率是 52%，固定成本 23 万元，所以每个月的营业额至少在 44.23 万元，总计 25 桌，所以每月每桌需要完成 17 692 元。

⑤如果每桌消费 200 元，每天需要接待多少桌客人？

因为餐厅每月营业额为 50 万元，那么每天的营业额约为 1.67 万元，如果每桌消费 200 元，那么每天需要接待 83.5 桌客人。

⑥餐厅的盈亏平衡点是多少？

当盈亏平衡时，总收入 = 总成本，餐厅的每月总成本 = 固定成本 + 变动成本 =23+ 每月营业额 ×（1− 毛利率），每月营业额为 44.23 万元，所以每月总成本 =23+44.23×48%=44.23（万元），44.23 万元就是餐厅的平衡点。

⑦如果客单价每桌 200 元，每天每桌至少有多少位客人才能保本？

因为要保本，每月至少 44.23 万元营业额，客单价为 200 元，如果每天都营业，那么每天就需要卖出：442 300/30/200=73.72（份），因为餐厅有 25 桌，那么每天每桌需要有客人：73.72/25=2.95（位）。

作为一个火锅店老板，找到火锅店的盈亏平衡点是很重要的。如果在这个区域开火锅店，是否可以全部座位都坐满，甚至满了再翻几轮；如何做到日营业额 7 666.67 元，如果暂时做不到，需要运营多久才能做到。

上述计算过程对于这几个问题的解答都是在忽略一些条件下进行的，如果餐厅生意不好，会产生多少费用？各种设备的折旧成本是多少？每天至少营业收入 14 743.33 元（442 300/30）才能保本，周边的餐厅呢？如果隔壁营业额每天 5 000 元，老板却说每个月都还有赚，可能隔壁店面比你家更小或者请的员工更少。简单说就是餐厅每月的固定成本更低。

相对来说，企业的盈亏平衡点会比火锅店更复杂，因为涉及的数据更多、更广，但是总可遵循一个平衡公式，总成本 = 总收入。再根据相应的数据计算得出。不同的行业，采用的计算公式存在一定的差别。

通过分析盈亏平衡点来运营自己的店面，做到心中有底，而且对于员工的管理也很有效。比如上述餐厅，作为老板，你可以告诉餐厅的服务员们，每天每桌如果有 3 个人以上，奖金 20 元；6 个人以上，奖金 50 元；10 个人以上，奖金 100 元等，从而调动员工的揽客积极性。

所以，在财务世界里，数字不是枯燥无味的，关键是看如何去理解，这些数字都可以在我们的日常生活中被运用，增加生活趣味性。

营收高的公司会破产吗

张先生上个月的工资为 11 378.25 元，结果当月透支 730.25 元；当月的工资比上个月低些，约为 8 679.45 元，当月结余 2 897.45 元。他预估下月的工资会在 9 874.35 元，你猜他下月会透支还是结余？

当月工资高不一定能结余，当月工资低也不一定会透支，最终还是以实际结余为准。企业也是如此，企业当年或者当月的销售收入高，并不一定代表企业的净利润很大，可能很低，甚至为负。

当企业卖出商品后，企业的销售收入一般都不是现金交易，特别是金额

较大的订单，一般都会约定分期付款。而在付款期内，可能因为各种问题，对方企业要求退货或者给予折扣，这将影响最终的销售收入额。所以最终的销售净利润并不是百分百确定。

年底了，我们可能会在公司的茶水间听到有人说：公司今年赚了一个亿，年底肯定要发大奖。

事实上，年底公司真会发出大奖吗？答案是：不一定！

我们看到的利润表中的净利润只是在账面数据，代表企业在某一段时间公司获利或者亏损了多少钱，而净利润代表的数字并不是企业真正的现金流，所以即使公司赚了一个亿，也不代表企业有很多现金用于“发大奖”，可能大部分还是应收账款。所以即使企业的营收高，但是公司可能在亏本经营，甚至面临倒闭。

我们看企业是否赚钱，要看企业的长期且稳定的盈利能力，所以看一家企业是否持续稳定经营，至少看连续 5 年的利润表数据最好。

快年底了，詹先生从朋友那儿收回一笔借出资金，他不想将资金闲置，于是在老同学的推荐下，打算购买 C 公司推出的一款 6 个月期限的短期理财产品。老同学说，该款理财产品的投资收益中上，很适合短期理财。

周末闲来无事时，詹先生去了解了推出该理财产品的公司，特别是企业近 5 年的利润表数据，如表 3-6 所示。

表 3-6　C 公司近 5 年利润表

利润表					
编制单位：×××高新技术产业开发股份有限公司					
				单位：亿元	币种：人民币
项目	2019 年	2018 年	2017 年	2016 年	2015 年
一、营业总收入	8.42	6.97	6.37	6.26	6.43

续表

其中：营业收入	8.42	6.97	6.37	6.26	6.43
二、营业总成本	7.33	6.12	5.58	5.28	5.73
其中：营业成本	5.48	4.51	4.14	4.38	4.80
税金及附加	0.089361	0.075177	0.059743	0.042521	0.04502
销售费用	0.235592	0.183345	0.17158	0.118776	0.142005
管理费用	1.02	0.87823	0.835917	0.60131	0.612401
研发费用	0.371865	0.311088	0.305914	–	–
财务费用	0.04438	0.049936	0.062658	0.097667	0.092868
……	……	……	……	……	……
三、营业利润（亏损以“—”号填列）	1.09	0.85	0.79	0.98	0.7
加：营业外收入	0.000172	0.000375	0.092847	0.102275	0.092212
减：营业外支出	0.005702	0.005514	0.005819	0.002216	0.003994
四、利润总额（亏损总额以“—”号填列）	1.08447	0.844861	0.877028	1.080059	0.788218
减：所得税费用	0.129374	0.116413	0.179639	0.27606	0.203511
五、净利润（净亏损以“—”号填列）	0.955096	0.728448	0.697389	0.803999	0.584707
六、每股收益：					
（一）基本每股收益（元 / 股）	1.59	1.05	0.94	1.08	0.78
（二）稀释每股收益（元 / 股）	1.59	1.05	0.94	1.08	0.78
七、综合收益总额	0.955096	0.728448	0.697389	0.803999	0.584707

通过 C 公司的近 5 年的利润表我们可以看到，该企业这 5 年的净利润从 5 847.07 万元增加到近年度的 9 550.96 万元；企业的每股收益近 5 年来也是稳步增长，到 2019 年度几乎翻了一倍。而根据近 5 年的利润表，我们可以计

算出相应的盈利能力指标和成长能力指标，如表 3-7 和 3-8 所示。

表 3-7　C 公司近 5 年的盈利能力指标

盈利能力指标					
项目	2019 年	2018 年	2017 年	2016 年	2015 年
销售净利率	14.2%	11.27%	11.09%	12.89%	9.10%
销售毛利率	34.92%	35.29%	35.09%	30%	25.43%
净资产收益率	33.25%	25.31%	25.67%	24.43%	19.14%

C 公司近 5 年来的销售净利率和毛利率都基本保持增长，另外已知销售毛利率也已经远远超过行业平均水平，说明该公司的盈利能力还不错。除了企业盈利能力，还要看企业的成长能力。

表 3-8　C 公司近 5 年的成长能力指标

成长能力指标				单位：亿元	
项目	2019 年	2018 年	2017 年	2016 年	2015 年
净利润	0.955 096	0.728 448	0.697 389	0.803 999	0.584 707
净利率同比增长率	31.11%	3.65%	−12.59%	37.5%	−28.98%
扣非净利润	0.986 917	0.736 274	0.624 273	0.731 394	0.518 859
扣非净利润同比增长率	34.04%	17.94%	−14.65%	40.96%	−31.21%
营业总收入	8.42	6.97	6.37	6.26	6.43
营业总收入同比增长率	20.8%	9.42%	1.76%	−2.64%	3.6%

从 C 公司近 5 年的成长能力指标中我们可以看到，企业的净利润同比增长率总体是向上的，特别是由最初的 −28.98% 增长到近期的 31.11%，企业的净利润实现了大幅增长。而与此相关的企业营业收入同比增长率，从最初的 3.6% 到近期的 20.8%，说明企业的营业收入也在大幅增长。

所以，如果只从企业近 5 年来的利润表来说，该企业是具有发展潜力的。

企业的经营不可能突然变好或者变坏，除非发生重大情况，如破产，所以企业的经营要看企业长期的、稳定的获利能力。

当然我们前面也说过，看企业的财报就好像去做体检，看身体好不好，不能只查血，还得查查其他项目，看企业的经营状况如何，也不能只看一张财报，要多张财报一起看才能看到企业的真实情况，这也是很多投资人看企业的财报都喜欢看 5 年，甚至 5 年以上的原因。对于企业来说，长期、稳定的获利能力才是核心追求。

活编利润表

对于我们每个月的收入、支出和结余，可以用家庭收支表或者个人损益表来表示，在表里将家庭个人的收支情况进行明确记录。

对于企业来说，这样的“收支表”就可以用利润表来表示。利润表相对于资产负债表更简单一些，涉及的项目也更少。与资产负债表一样，利润表也具有固定的结构，不同行业的企业，只需要根据自身经营情况填充企业的经营数据。

利润表是反映企业在一定期间的经营成果的报表，一般由表首、正表和补充资料等组成，其中表首一般包括报表名称、编制单位、编报日期和货币单位等。利润表具有哪些类型？看下面两个小例子。

【例 1】

刘先生加盟开办了一家串串店，第一个月的营业额为 30 万元，餐厅的毛利率为 58%，月租金加物业费为 3 万元，其中除去后厨和其他区域，平时可

摆下 15 桌供客人用餐。员工 8 人，工资每月共 5 万元。在月底结账后，刘先生自己做了一张简单的利润表，如表 3-9 所示。

表 3-9 ×× 店月利润表

利润表 2019 年 10 月 31 日 编制单位：×× 店 单位：元 币种：人民币			
项目	行次	本月数	本年累计数
营业收入和收益	1	300 000	300 000
主营业务收入	2	300 000	300 000
其他业务收入	3	0	0
营业外收入	4	0	0
投资收益	5	0	0
营业收入和收益合计	6	300 000	300 000
营业总成本和费用	7	225 000	225 000
主营业务成本	8	206 000	206 000
税金及附加	9	16 800	16 800
其他业务成本	10	0	0
销售费用	11	1 500	1 500
管理费用	12	500	500
营业外支出	13	200	200
营业成本和费用合计	14	225 000	225 000
利润总额	15	75 000	75 000
减：所得税费用	16	18 750	18 750
净利润	17	56 250	56 250

【例 2】

柯先生是财务出身，毕业以后一直在一家金融公司的投资部工作，从实习生到如今的投资经理，主要负责企业的一些投资项目。最近有朋友提到了一家互联网公司 A，希望他帮忙评估一下，看是否值得投资。

在 A 公司公布的相关财务数据中，他了解到该公司提供企业统一通信终端，集研发、销售和服务于一体，产品如 SIP 桌面电话终端、DECT 无线电话终端及 VCS 高清视频会议系统等，产品主要销往国外。在公布的 2019 年年报中，主营业务收入共 18.15 亿元，主营业务成本共 6.94 亿元，其他数据见表 3–10。

表 3-10　A 公司最近年度利润表

利润表 2019 年 12 月 31 日 编制单位：×××网络有限公司 单位：元　币种：人民币		
项目	期末余额	期初余额
一、营业总收入	1 815 000 000	1 388 000 000
其中：营业收入	1 815 000 000	1 388 000 000
二、营业总成本	995 000 000	783 000 000
其中：营业成本	694 000 000	526 000 000
税金及附加	22 033 200	14 068 000
销售费用	106 000 000	78 799 500
管理费用	44 731 700	34 803 700
研发费用	137 000 000	100 000 000
财务费用	−17 103 700	25 498 500
资产减值损失	8 186 400	3 243 700
加：投资收益	107 000 000	34 373 200
……	–	–

续表

三、营业利润（亏损以“一”号填列）	935 000 000	649 000 000
加：营业外收入	432 000	2 184 300
减：营业外支出	424 200	156 400
四、利润总额（亏损总额以“一”号填列）	935 007 800	651 027 900
五、净利润（净亏损以“一”号填列）	851 000 000	591 000 000
六、每股收益：	2.85	2.26

如上的两种利润表，例 1 中的是单步式利润表，例 2 中的是多步式利润表。单步式计算相对简单，一般被业务比较简单的行业采用。而大多数企业还是采用第二类多步式的利润表，简单理解就是企业的利润通过多个步骤计算得出。两种报表各有优劣，最终还是适合企业的现状最重要。

当我们拿到一张利润表时，该如何快速看懂呢？首先是看利润表的表头，看是否是我们需要的年报或者半年报。

如 A 公司的利润表中展示的报表类型为多步式，企业名称为 ××× 网络有限公司、报表编制时间为 2019 年 12 月 31 日以及货币的单位为“元”，具体如表 3-11 所示。

表 3-11　利润表部分数据

利润表 2019 年 12 月 31 日 编制单位：××× 网络有限公司 单位：元 币种：人民币		
项目	期末余额	期初余额
一、营业总收入	1 815 000 000	1 388 000 000
其中：营业收入	1 815 000 000	1 388 000 000

其次，我们就需要看企业的利润了，就好像我们手里这张是孩子的期末考试卷，接下来就要看他得了多少分，对于孩子的成绩来说，它就是一个简单的数字，比如100分、60分或50分，而家长从大方向上看，就是要了解成绩是及格还是不及格。

如果将企业的利润表比作一张成绩单，看及格与不及格，就是通过利润表看企业盈利还是亏本。那么，对于企业的这张成绩单，如何具体来看其体现出的企业经营好坏呢？

企业的亏本与否，通过利润表上的具体数字就可以直接看出来，如在A公司的利润表中，企业的净利润为8.51亿元，企业赚钱了。如表3-12所示就是利润表中关于利润总额和净利润的数据。

表3-12 A公司年度报表中的利润数据

项目	期末余额	期初余额
四、利润总额（亏损总额以“—”号填列）	935 007 800	651 027 900
五、净利润（净亏损以“—”号填列）	851 000 000	591 000 000
六、每股收益：	2.85	2.26

当然企业的盈利高低和好坏，还需要进行当期与前几期的比较，通过计算各种指标，与同行业的公司进行横向比较，才能看到企业的实际盈利能力。

然后，我们需要看看企业的营业收入，包括企业的主营业务收入和营业外收入。A公司中，主营业务收入为商品的销售收入，在当期的利润表中，我们只能看到当期和上一期的余额，而看收入主要还是看收入的增长情况，根据A公司公布的其他财务数据，我们可以看到销售收入增长情况，如表3-13所示。

表 3-13 A 公司近 5 年利润表

利润表					
编制单位： ××× 网络有限公司					
					单位：元 币种：人民币
项目	2019 年	2018 年	2017 年	2016 年	2015 年
一、营业总收入	18.15 亿	13.88 亿	9.24 亿	6.62 亿	4.88 亿
营业收入	18.15 亿	13.88 亿	9.24 亿	6.62 亿	4.88 亿
营业外收入	43.2 万	218.43 万	1 391.9 万	980.18 万	239.88 万

表 3-13 说明 A 公司近 5 年来的销售收入呈稳定快速增长，营业外收入经历了快速增长到快速降低的趋势。在实际经营过程中，对于营业外收入大幅暴增情况，一般是不可持续的。

如果企业的营业外收入一直在暴增状态，说明企业的经营业务分散，就好像我们的兼职收入不可能一直暴增，甚至一直高于工资，那说明我们的精力已经大部分分散到了兼职上，对于企业经营来说也如此。

最后，一般通过报表的附注看企业的成本和费用确认是否合适，而在利润表中，我们只能看到这些项目的总额数据，对于具体的构成是看不到的。所以，通过阅读企业的报表附注，我们可以看到成本费用的明细金额，甚至可以进一步核查报表计算是否有误。

对于企业的成本，主要看主营业务成本和营业外支出，费用主要包括常见的五大费用，销售费用、管理费用、研发费用、财务费用和摊销费用等，对于生产企业来说，一般销售费用、管理费用、研发费用和摊销费用是重点。

一般随着收入的增长，企业的成本和费用也在增长，特别是主营业务成本、销售费用和研发费用等，这都是正常的。但是经营优良的公司一般会控制成本费用的增长，使其低于收入的增长，从而保证净利润大于零。收入的增长可以看企业近5年的变化情况，成本与费用同样如此，具体如表3-14所示。同样以A公司为例。

表3-14　A公司近5年利润表的部分数据

利润表 编制单位：　×××网络有限公司 单位：亿元　币种：人民币					
项目	2019年	2018年	2017年	2016年	2015年
二、营业总成本	9.95	7.83	4.75	3.85	3.25
其中：营业成本	6.94	5.26	3.41	2.74	2.18
销售费用	1.06	0.787995	0.599262	0.491744	0.396284
管理费用	0.447317	0.348037	0.99227	0.74414	0.612882
研发费用	1.37	1	—	—	—

通过表3-14可知，随着收入增长，企业的主营业务成本5年来处于持续增长的状态，但总体低于收入的增长。5年来，销售费用稳步增长，管理费用经历了一波三折的增长过程，企业的研发费用从无到有且费用逐渐增大，说明企业近年来开始重视研发生产。

第 4 章

现金怎么滚来滚去，读现金流量表

在现在扫一扫的时代，我们眼看着微信零钱越来越少，一眨眼，现金就“滚”出去了。月中了，发工资了，银行卡短信提醒到账一笔，一眨眼，现金就“滚”进来了。我们每天的生活消费支出都体现了现金的滚来滚去。

对于企业来说，现金的滚来滚去很正常，财务上我们称之为现金流入和流出，而对企业在一定期间的现金及现金等价物的流入或者流出、期初期末的结余进行披露的报表就是现金流量表。怎么读现金流量表？现金怎么滚来滚去？且看本章娓娓道来。

现金流量的三大来源

双十一过去了，你发现你已经负债了，况且又到月底，你发现你真的很缺钱用，那么你会怎么变出现金来呢？

A. 控制每天的日常消费

B. 领取理财产品分红

C. 找朋友借钱缓一缓

先记住你选择的答案。

现在，我们把题目稍微修改一下。如果你是一家公司的老板，由于市场不景气，公司现在很缺钱，那么你会想哪些办法去变出现金呢？

A. 减薪或裁员

B. 确认投资收益

C. 向银行借款

无论是个人还是企业，一般我们把现金流入或者流出称之为流量，A 选项都体现的是个人或者企业的营业活动的现金流量；B 选项体现的是投资活动的现金流量；C 体现的则是融资活动的现金流量。

这三大流量有何不同呢？对于企业来说，现金来源主要是三大类，企业的日常经营、投资活动和融资活动。企业规模以及行业的不同，三大类活动不一定同时存在，比如自主创业的餐厅老板，可能就没有在投资活动上的现金流量。对于这三大活动流量，简单介绍如下。

经营活动现金流量

经营活动现金流量，一般是指生产产品、销售产品或者提供劳务产生的现金流入或者流出的事项，比如企业今年卖了 200 台设备的销售收入 2 000 万元以现金或者银行存款收讫，就体现为现金流入；用现金或银行存款支付产品成本 800 万元，就体现为现金流出。

投资活动现金流量

投资活动现金流量即企业因投资活动而产生的现金流量，一般是指实物资产的投资和金融资产投资，如投资 K 项目获得当期收益 53.2 万元，以银行存款收讫，就产生了现金流入；购买使用期限 5 年以上的机器设备花费 500 万元，以银行存款付讫，就产生了现金流出。我们要注意，根据相关会计准则规定，购买固定资产不是“投资”，但却是投资活动。

筹资活动现金流量

筹资活动现金流量，一般是指会导致企业的资本或者债务发生变化的现金流量，如某企业申请了一年期短期借款 200 万元，银行存款收讫，就产生了现金流入；在年底给股东分红 500 万元，以银行存款或现金付讫，就产生了现金流出。

上面我们已经对于企业的三大现金流量活动有了简单的了解，下面来看两个小案例。

【例 1】

张女士以前一直在护肤品零售业工作，结婚以后因为要带宝宝，于是和家人商量了一下，在小区附近开了一家护肤品店。房租每月一万元，请了一名员工，除每月基本工资 3 500 元外，另外每月再加生活房租补贴 1 000 元，店铺每月的水电费300元，因为供应商以前合作过，较熟悉，于是和对方约定产品成本55%，并且她还可以选择60日后付款。

从开业后，第一个月收入7.5万元，广告费500元，第二个月收入5.4万元，3个月后每月收入稳定在6万元左右。作为小经销商，产品成本六折左右。她打算每到月末就进行一次对账，首先对第一个月的现金流量进行了简单统计，具体如表4–1所示。

表4–1　××小店11月现金流量表　　单位：元

项目	行次	金额
一、小店月收入：	2	75 000
销售商品、提供劳务收到的现金	3	75 000
现金流入小计	4	75 000
二、小店月支出：	5	56 550
销售成本	6	41 250
房租水电	7	10 300
员工工资	8	4 500
广告费	9	500
现金流出小计	10	56 550
三、小店月余额：	11	18 450
现金余额	12	18 450

【例2】

章先生大学学的是市场营销，毕业后一直从事相关方面的工作，他的女友是财务出身，毕业后在一家地产公司做会计。受女友影响，加上工作时间相对自由，且领导也有提拔他的意思。近年来他都不断在提高自己，特别是看一些财务管理方面的书籍。

他最近在学习财务报表方面的知识，看着复杂的报表，他感觉很头疼，不知道看哪一张好，是全部看完还是只看一张就好，于是求助女友，女友建议他可以从现金流量表着手。

看了相关理论知识后，他从所在的公司公布的财务数据中看到最近一季的现金流量表，如表 4-2 所示。

表 4-2　现金流量表

现金流量表 2019 年 9 月 30 日 编制单位：×××环保有限公司 单位：万元　币种：人民币			
项目	附注	本期发生额	上期发生额
一、经营活动产生的现金流量：			
销售商品、提供劳务收到的现金		89 300	56 700
收到的税费与返还		1 229.94	33.55
收到其他与经营活动有关的现金		9 622.79	7 465.98
经营现金活动流入小计		100 152.73	64 199.53
购买商品、接受劳务支付的现金		46 800	32 900
支付给职工以及为职工支付的现金		16 200	11 100
支付的各项税费		14 300	10 600
支付其他与经营活动有关的现金		17 800	9 200.54
经营活动现金流出小计		95 100	63 800.54
经营活动产生的现金流量净额		5 052.73	398.99
二、投资活动产生的现金流量：			
处置子公司及其他营业单位收到的现金净额		555.06	555.06
投资活动现金流入小计		555.06	555.06

续表

购建固定资产、无形资产和其他长期资产支付的现金		1 511.63	1 445.01
投资活动现金流出小计		1 511.63	1 445.01
投资活动产生的现金流量净额		−956.57	−889.95
三、筹资活动产生的现金流量：			
筹资活动现金流入小计		—	—
偿还债务支付的现金		13 400	—
分配股利、利润或偿付利息支付的现金		941.96	400
支付其他与筹资活动有关的现金		1 057.03	856.86
筹资活动现金流出小计		15 398.99	1 256.86
筹资活动产生的现金流量净额		−15 398.99	−1 256.86
四、汇率变动对现金及现金等价物影响		15.9	14.73
五、现金及现金等价物净增加额		11 286.93	−1 733.09
加：期初现金及现金等价物余额		53 966.91	55 700
六、期末现金及现金等价物余额		42 679.98	53 966.91
补充资料：			
1. 将净利润调节为经营活动现金流量：			
净利润		—	9 697.14
……		……	……

对于张女士的小本经营来说，现金流量表数据相对简单，而且对专业要求也不高，如张女士 11 月的现金流量表，就好像我们的家庭收支表，主要涉及小店的月收入和月支出，最终得出余额。小店的主要现金收入是商品收入，现金来源主要是小店经营活动的现金流量，投资和筹资活动现金流量暂无。

而对于章先生看到的现金流量表就是企业常见的现金流量表了，主要反映企业的三大活动带来的现金流量，并且还都计算出了现金流量净额。如企

业第三季度的经营活动产生的现金流量净额为 5 052.73 万元，投资活动产生的现金流量净额为 −956.57 万元，筹资活动产生的现金流量净额为 −15 398.99 万元，说明企业有大量的现金流出，在现金流量表的最后还附加了相应的补充资料，让读者明白现金流量表的相关数据来源。

当现金流为负时，企业怎么办

不管是资产负债表还是利润表，或者是本章的现金流量表，我们在报表上常看到为负数的数据，那么这些负数常代表什么呢？

当我们做个人收支表时，如果 11 月收入为 6 325.45 元，当我们月支出了 8 794.35 元时，那么我们月结余就为 −2 468.9 元，这表示我们这个月透支了。

在某企业的利润表中，如果我们看到上一年度净利润为 −5.4 亿元，这表示企业去年亏了 5.4 亿元。

在企业的现金流量表中，如果投资活动的现金流量净额为 −642.35 万元，说明企业因投资活动现金流出了 642.35 万元。如果经营活动的现金净额为 3.2 亿元，同样说明企业在某一会计期间的销售过程中流进了 3.2 亿元现金或现金等价物。

一般来说，企业的现金流量有正有负，主要还是看现金的流入流出的大小，如果现金流入大于现金流出，一般现金流量净额就为正，否则为负。相对来说，一般企业的经营活动产生的现金流量大多为正，负数主要还是在于企业的投资现金流量和筹资现金流量。

刘先生大学学的是幼师，毕业后从事了几年的教师工作，后来就转行在朋友的公司做业务。从最开始的业务做起，经过3年的努力不断升职，升职的同时，企业的产品也在升级，今年新推出的几款产品很受市场的欢迎。

他想看看同事们都为企业赚了多少钱，于是看了企业公布的最新一期的现金流量表，具体如表4–3所示。

表4–3　现金流量表

现金流量表 2019 年 9 月 30 日 编制单位：××× 科技有限公司 单位：万元　币种：人民币			
项目	附注	本期发生额	上期发生额
一、经营活动产生的现金流量：			
经营现金活动流入小计		120 400	127 400
经营活动现金流出小计		127 600	108 300
经营活动产生的现金流量净额		−7 200	19 100
二、投资活动产生的现金流量：			
投资活动现金流入小计		4 000	50.74
投资活动现金流出小计		4 289.59	3 692.74
投资活动产生的现金流量净额		−289.59	−3 642
三、筹资活动产生的现金流量：			
筹资活动现金流入小计		13 400	—
筹资活动现金流出小计		5 976.52	3 975.28
筹资活动产生的现金流量净额		7 423.48	−3 975.28

在上例中，总的现金流量净额 = 经营活动产生的现金流量净额（−7 200万元）+ 投资活动产生的现金流量净额（−289.59 万元）+ 筹资活动产生的现金流量净额（7 423.48 万元）=−92.45（万元），这就意味着企业在这一会计期

间的现金或现金等价物最终是有 92.45 万元流出了企业，企业的现金流为负数。

对于案例中的企业，从经营活动看，经营收入带来的现金流入低于现金成本。企业可对成本及费用进行适当的控制；从投资活动看，现金流入量同样小于现金支出量，建议企业在购置固定资产、无形资产或者其他长期资产时，应求精不求量，适当最重要，金额比例不能过大，同时对外的一些投资项目或者子公司的现金支付要做多方考虑，将金额控制在一定比例。

在上例中，虽然企业的筹资活动的现金流入大于现金流出，但在企业的日常经营中，还是要适当控制，特别是如果企业的筹资现金流是来源于对外借款，这个现金流入越大说明企业的负债越大。

因此，当企业的现金流为负数时，无非从企业的三大活动去分析管理。

净利润高，为什么企业还是没钱花

一年下来，我们明明每月都有收入，常有结余，偶有透支，但为什么大多数时候感觉还是没有钱花，或者钱不够用？

同样，到年底，企业明明赚了一个亿，为什么老板还是说公司没钱，公司是真的没钱吗？

江先生所在的公司是一家食品公司（这里简称B公司），主营各种食品油，江先生主要负责西南市场的销售管理。老板在年初时承诺，年底如果西南区能完成 5 亿元的业绩，就奖励大区 50 万元。

结果在年底时，江先生带领团队完成了 5.4 亿元的业绩，然而到年底开大会时，老板却说今年企业没钱，奖金推迟到明年发放。

江先生很疑惑，明明企业大区完成了预定目标，甚至还超额完成，企业为什么没钱呢？明明企业的营业总收入期末余额有42.06亿元，营业利润也有4.24亿元，净利润达到了3.78亿元，这意味着企业一年整整赚了近4亿元啊！如表4-4所示的是B公司利润表的部分数据。

表4-4　B公司的利润表

利润表 2019年12月31日 编制单位：×××食品有限公司 单位：亿元　币种：人民币		
项目	期末余额	期初余额
一、营业总收入	42.06	27.74
二、营业总成本	37.82	24.89
三、营业利润（亏损以"—"号填列）	4.24	2.85
四、利润总额（亏损总额以"—"号填列）	4.37	2.96
五、净利润（净亏损以"—"号填列）	3.78	2.64

终于，在看过企业的现金流量表以后，他找到了答案，B公司的现金流量表如表4-5所示。

表4-5　B公司的现金流量表

现金流量表 2019年12月31日 编制单位：×××食品有限公司 单位：亿元　币种：人民币			
项目	附注	本期发生额	上期发生额
一、经营活动产生的现金流量：			
销售商品、提供劳务收到的现金		43.47	27.65

续表

收到的税费与返还		0.081813	0.079128
收到其他与经营活动有关的现金		3	0.291283
经营现金活动流入小计		46.551813	28.020411
购买商品、接受劳务支付的现金		33.59	19.35
支付给职工以及为职工支付的现金		2.74	1.87
支付的各项税费		2.30	1.84
支付其他与经营活动有关的现金		4.12	2.94
经营活动现金流出小计		42.75	26
经营活动产生的现金流量净额（元）		3.801813	2.020411
二、投资活动产生的现金流量：			
投资活动现金流入小计（元）		—	—
购建固定资产、无形资产和其他长期资产支付的现金		0.144952	0.084184
投资支付现金		2.37	2.42
投资活动现金流出小计（元）		2.514952	2.504184
投资活动产生的现金流量净额（元）		−2.514952	2.504184
三、筹资活动产生的现金流量：			
筹资活动现金流入小计（元）		6.39	5.05
偿还债务支付的现金(元)		6.81	2.47
分配股利、利润或偿付利息支付的现金(元)		1.95	0.920834
筹资活动现金流出小计		8.76	3.390834
筹资活动产生的现金流量净额（元）		−2.37	1.659166

江先生通过现金流量表找到的答案是什么呢？

通过上表我们可知：B 公司总的现金流量净额 = 经营活动现金流量净额（3.801813）+ 投资活动现金流量净额（−2.514952）+ 筹资活动现金流量净

额(−2.37)=−1.083139(亿元)，这就意味着企业一年下来虽然净赚3.78亿元，但是企业的现金流出了近1.1亿元，所以老板才会说没钱，具体是没了现金。这就解释了为什么企业的净利润那么高，但还是没钱花。

不同成长期的企业，现金流量表有何不同

张先生所在的公司是一家大型生产企业，是很多公司的供应商。最近有两家公司打算和他们公司签约，但老板告诉他，今年只能再合作一位客户。对企业来说，最关心的还是能不能收到对方支付的货款。如果仅从现金流量表出发考虑，你会选择哪一家？

【例1】

A企业为某网络科技有限公司，主要代理销售某科技产品，最近年度的净利润为3 647.11万元，现金流量表如表4-6所示。

表4-6　现金流量表

现金流量表 2019 年 12 月 31 日 编制单位：×××网络科技有限公司 单位：万元　币种：人民币			
项目	附注	本期发生额	上期发生额
一、经营活动产生的现金流量：			
经营活动产生的现金流量净额		1 244.94	1 471.3
二、投资活动产生的现金流量：			
投资活动产生的现金流量净额		−11 000	−3 967.82

续表

三、筹资活动产生的现金流量：			
筹资活动产生的现金流量净额		1 934.37	18 500

【例 2】

B 企业和 A 企业是同行，根据公布的财务数据可知，最近年度的净利润为 −9 667.49 万元，现金流量表如表 4-7 所示。

表 4-7 现金流量表

现金流量表 2019 年 12 月 31 日 编制单位：××× 网络科技有限公司 单位：万元 币种：人民币			
项目	附注	本期发生额	上期发生额
一、经营活动产生的现金流量：			
经营活动产生的现金流量净额		−6 279.67	−4 397.04
二、投资活动产生的现金流量：			
投资活动产生的现金流量净额		184.07	−4 824.29
三、筹资活动产生的现金流量：			
筹资活动产生的现金流量净额		−13 600	11 900

看完两家的现金流量表以后，张先生比较看好 A 企业，到底是为什么呢？仅仅是因为 B 企业的净利润为负数吗？

简单来说，从现金流量表上就可以看出，A 企业是一家快速发展的企业，而 B 企业正处于衰退时期。

一般当经营活动产生的现金流量净额为正数、投资活动产生的现金流量净额为负数、筹资活动产生的现金流量净额为正数时，企业正处于快速发展时期，此时产品不断地占领市场，销售呈现上升趋势，资金的回笼速度也快，所以才会有经营活动产生的现金流量净额为正；而为了扩大市场，企业会进一步加强投资和筹资活动，所以才会有投资活动现金流量净额为负而筹资活动产生的现金流量净额为正，如A企业。

一般当经营活动产生的现金流量净额为负数、投资活动产生的现金流量净额为正数、筹资活动产生的现金流量净额为负数时，企业正处于衰退时期，市场萎缩，产品销售市场的占有率下降，经营活动的现金流入小于流出，所以才会有经营活动现金流量净额为负。同时为了偿还应付债务，企业会大量地收回投资，从而导致投资活动产生的现金流量净额为正数而筹资活动产生的现金流量净额为负数，如B企业。

对于不同成长期的企业的现金流，一般可以简单地总结为如表4-8所示的情况。

表4-8 不同成长期的现金流表现

项目	初创期	成长期	成熟期	衰退期
一、经营活动产生的现金流量：				
经营活动产生的现金流量净额（元）	负	正	正	负
二、投资活动产生的现金流量：				
投资活动产生的现金流量净额（元）	负	负	正	正
三、筹资活动产生的现金流量：				
筹资活动产生的现金流量净额（元）	正	正	负	负

由上表我们可以知道，不同成长阶段的企业的现金净流量表现是不同的。在企业初创时，由于企业的营业收入大多为负数，另一方面又投资大量的人力、物力，甚至对外融资举债等，这就导致企业的经营活动产生的现金流量净额为负数、投资活动产生的现金流量净额为负数、筹资活动产生的现金流量净额为正数。

在企业慢慢成长过程中，快速发展，不管是收入还是成本费用控制、投资和筹资等都与以往不同，如我们前面所说的江先生选择的 A 企业。

当企业经历快速发展后，就像盛开的花朵，进入成熟期，此时销售市场稳定，企业进入投资回收期，等着“摘果子”，同时，很多外部举债到期偿还，这就导致企业的经营活动产生的现金流量净额为正数、投资活动产生的现金流量净额为正数、筹资活动产生的现金流量净额为负数。

如果把企业比作一朵花，花开后下一阶段就进入衰退期，企业也如此。当企业进入衰退期，此时企业的营业收入大幅下降，甚至入不敷出，同时还需要偿还到期的债务，所以企业不得不收回投资，这就导致企业的经营活动产生的现金流量净额为负数、投资活动产生的现金流量净额为正数、筹资活动产生的现金流量净额为负数。

我们都知道企业的现金流量净额与企业的现金流入和流出息息相关，所以要想使企业正常运转，甚至快速发展，对于企业的经营活动、投资活动和筹资活动的管理需要引起重视，不同成长阶段的企业，现金流的具体表现不同，所以要针对性地分析调整。

增长、下降、亏损与现金流量

当我们提到增长、下降、亏损，你会想到什么？

一般我们会想起收入增长、成本下降和经营亏本，而这些一般都会体现在企业的利润表和现金流量表中。一般在现金流量表之后会有附加资料，它来源于当期利润表和资产负债表的相关数据，如表 4-9 所示。

表 4-9 现金流量表补充资料 单位：万元

项目	附注	本期发生额	上期发生额
六、期末现金及现金等价物余额（元）		4 694.49	24 300
补充资料：（元）			
1. 将净利润调节为经营活动现金流量：（元）			
净利润(元)		−9 630.76	5 661.9
加：资产减值准备(元)		9 736.28	1 182.82

【例 1】

刘先生在家附近开了一家理发店，房租每月 1.2 万元，请了两名员工，每月每人工资 4 000 元，生活补助每人 1 000 元，产品成本 15%，水电费 800 元。第一个月通过开业促销、办理会员卡等，销售收入 6 万元，第二个月通过客户积累以及老客户介绍月收入有所增加，约 8 万元，第三个月业绩基本稳定，收入在 5 万元左右。

【例 2】

谭女士常年在异地工作，近年来父母年纪越来越大，希望她回家乡工作，于是谭女士辞职后回到了老家开了一家奶茶店。其中店面租金每月 5 000 元，装修及设备近 4 万元，设备固定维修费每月 50 元，请了一名员工，每月工资 3 000 元，水电费 800 元，第一个月的营业额 63 000 元，第二个月营业额为 105 000 元，第三个月的营业额为 84 000 元，每月的毛利率为 55%。

通过简单的计算，刘先生的理发店第一月的成本及费用就为：

销售成本 + 营业费用 = 月营业额 ×15%+ 房租 + 水电 + 工资 + 生活补助 =60 000×15%+12 000+800+4 000×2+1 000×2=31 800（元）

第一个月的销售毛利 = 月营业额 ×（1−15%）=51 000（元）

第二个月、第三个月的收入、成本和毛利等构成的简单利润表如表 4-10

所示。

表 4-10　理发店的月利润表　　单位：元

项目	第一个月	第二个月	第三个月
一、营业收入：			
销售收入	60 000	80 000	50 000
二、营业成本及费用：			
成本及费用	31 800	34 800	30 300
销售毛利	51 000	68 000	42 500
三、净利润：	28 200	45 200	19 700

同样的道理，通过简单的计算，谭女士的奶茶店第一个月的成本及费用就为：

销售成本 + 营业费用 = 装修及设备费 + 月营业额 ×45%+ 房租 + 水电 + 工资 =40 000+50+63 000×45%+5 000+800+3 000=77 200（元）

第一个月的销售毛利 = 月营业额 ×55%=34 650（元）

第二个月、第三个月的收入、成本和毛利等构成的简单利润表，如表 4-11 所示。

表 4-11　奶茶店的月利润表　　单位：元

项目	第一个月	第二个月	第三个月
一、营业收入：			
销售收入	63 000	105 000	84 000
二、营业成本及费用：			
成本及费用	77 200	56 100	46 650
销售毛利	34 650	57 750	46 200
三、净利润：	−14 200	48 900	37 350

从刘先生的理发店利润表中，我们可以看到企业的毛利率是很高的，高达 85%，收入和净利润在第二个月最高，第三个月时基本稳定下来，营业额在 5 万元左右，主要的成本在于销售成本、房租和员工工资。

而在谭女士的奶茶店利润表中，虽然第一个月收入在 6.3 万元，但是因为第一个月将装修费和设备费也计算在内，所以成本较高，高达 7.72 万元，高于收入，当月的净利润为负数；而第二个月收入大幅增加，且没有装修和设备费用，净利润为 4.89 万元；第三个月基本趋于稳定，净利润约 3.74 万元。

我们一般都认为奢侈品是暴利行业，由例 1 可知理发店也是，像刘先生的理发店毛利率高达 85%，而谭女士奶茶店的毛利率仅为 55%，那么你认为谁的店会最先破产呢？

从利润表来看，刘先生的更漂亮，因为至少在表中的第一个月是有盈利的，净利润为正，而谭女士第一个月是亏本了 1.42 万元的。为了进一步分析两家小店，我们可以看两家店面的现金流量表。由于两家小店都没有投资和融资活动，所以店面的现金流主要产生于店面的日常经营。

根据刘先生的利润表，我们可以简单制作小店的月现金流量表，对比如表 4–12 所示。

表 4–12　理发店 3 个月的现金流量表　　单位：元

项目	第一个月	第二个月	第三个月
一、经营活动产生的现金流量：			
销售商品、提供劳务收到的现金	60 000	80 000	50 000
经营活动现金流入小计	60 000	140 000	190 000
购买商品、接受劳务支付的现金	9 000	12 000	7 500
支付给职工以及为职工支付的现金	10 000	10 000	10 000
房租支出的现金	12 000	12 000	12 000

续表

营业费用支出	800	800	800
经营活动现金流出小计	31 800	66 600	96 900
经营活动产生的现金流量净额	28 200	73 400	93 100

根据刘先生的现金流量表可知，小店每月的现金流入主要来源于营业收入，第一个月的经营活动现金流入 6 万元，都是现金支付，所以这 6 万元是实际流入。

当月经营活动支出主要是企业的成本及费用支出，由于房租、工资和水电费每个月都需要支付，所以都是当月流出，第一个月需要现金支付 3.18 万元。第一个月现金流入和流出的期初余额都为 0，期末余额就为当月的经营活动余额，现金流量净额 = 现金流入 − 现金流出 =60 000−31 800=28 200（元）。

在刘先生小店的现金流量表中，第二个月的期末余额 = 第一个月的期末余额 + 当期发生额，如第二个月的经营活动现金流入总计 =60 000+80 000=140 000（元）。同样计算出第二个月的经营活动现金流出总计为 66 600 元，现金流量净额为 73 400 元。第三个月的现金流量净额就为 93 100 元。

从刘先生的现金流量表中我们看到，企业的现金流量净额每月稳步上涨，现金流稳定，每月的现金流入远远大于现金支出，就意味着小店越来越有钱，说明刘先生的理发店经营不错。

谭女士奶茶店的现金流量表又有何不同呢？见表 4−13。

表 4−13　奶茶店 3 个月的现金流量表　　单位：元

一、经营活动产生的现金流量：	第一个月	第二个月	第三个月
销售商品、提供劳务收到的现金	63 000	105 000	84 000
经营现金活动流入小计	63 000	168 000	252 000
购买商品、接受劳务支付的现金	28 350	47 250	37 800

续表

支付给职工以及为职工支付的现金	3 000	3 000	3 000
房租支出的现金	5 000	5 000	5 000
营业费用支出	40 850	850	850
经营活动现金流出小计	77 200	133 300	179 950
经营活动产生的现金流量净额（元）	−14 200	34 700	72 050

根据谭女士的现金流量表可知，小店每月的现金流入同样主要来源于营业收入，第一个月的经营活动现金流入 6.3 万元，都是现金支付，所以这 6.3 万元是实际流入。

当月的经营活动支出主要是企业的成本及费用支出，由于房租、工资、水电费和修理费每个月都需要支付，所以都是当月流出，且第一个月还需要支付装修及设备费用，第一个月需要现金支付 7.72 万元。第一个月现金流入和流出的期初余额都为 0，期末余额就为当月的经营活动余额，现金流量净额 = 现金流入 − 现金流出 =63 000−77 200=−14 200（元）。

在谭女士小店的现金流量表中，第二个月的期末余额 = 第一个月的期末余额 + 当期发生额，如第二个月的经营活动现金流入总计 =63 000+105 000 =168 000（元），同样计算出第二个月的经营活动现金流出总计为 133 300 元，现金流量净额为 34 700 元。第三个月的现金流量净额就为 72 050 元。

从谭女士的现金流量表中我们看到，小店第一个月的现金流量净额为负，这也是大多数创业企业会面临的问题；第二个月开始收入大幅上涨，现金流入开始大于现金流出，现金流量净额为 34 700 元，第三个月开始收入趋于稳定，现金流量净额也稳步上涨。

从两家小店经营情况我们都可以看到，只有第一个月的现金流量净额等

于净利润，如刘先生的第一个月的净利润为 2.82 万元，第一个月的经营活动的现金流量净额也为 2.82 万元，第二个月和第三个月都不相同。这就告诉我们净赚了 10 亿元，不一定现金流入就是 10 亿元，还有可能存在一大部分应收账款；反之，现金流入 10 亿元，不一定净利润就是 10 亿元，还有可能大部分是银行借款。

对于两家小店来说，目前都未出现现金危机。在行业内，当出现现金危机时流行 4 个字：快收慢付。

- 快收就是应收账款快快收回，比如客户买了东西，原本是 90 天付款，你可以和对方商量，下次改为 60 天或者 30 天付款，当然现金支付是最好。
- 慢付就是对于要支付给供应商的货款延长支付期限，如 30 天月结一次改为 60 天结算一次。

两家小店的对比同样说明了一个道理，收入或成本的增长或下降以及企业盈亏都将给企业的现金流带来深远的影响，使企业呈现出不同的现金流情况。而企业的现金流同样对企业的收入增长还是下滑、成本增加还是下降以及盈利还是亏损等起到一定的作用，两者相互依赖，相互影响。

现金流量表，编制有三宝

去一个地方看美景，我们有很多种方法，自驾、乘飞机、坐高铁或坐火车等，不管选用哪一种方法，目的地都是相同的。当我们编写现金流量表时，同样具有多种方法，一般常见的有工作底稿法、直接计算法和 T 型账户法，简单介绍如下。

工作底稿法

工作底稿法简单来说就是以资产负债表和利润表的数据为基础，对相关项目进行分析并编制调整分录登入工作底稿，最终制成现金流量表的方法，工作底稿如表 4-14 所示。

表 4-14　工作底稿

项目	本期数	调整分录	
		借方	贷方
一、资产负债表项目：	2 089 540	17 500	17 500
二、利润表项目：	487 000	68 000	68 000
三、现金流量表项目	563 000	3 000	3 000
四、调整分录合计	93 500	5 000	5 000

通过工作底稿法编制相应的现金流量表是具有一定步骤的。

首先，将资产负债表的本期数额填入工作底稿。

其次，对当期业务进行分析并编制调整分录，并填入工作底稿。

然后，核对分录，保证借贷方金额相等。

最后，根据工作底稿的现金流量项目编制现金流量表。

直接计算法

直接计算法顾名思义就是根据现金流量表的各项目的内容，直接利用相关数据计算填写。这时利用的就是我们一般常见的现金流量表，如表 4-15 所示。

表 4-15 现金流量表

现金流量表 2019 年 12 月 31 日 编制单位：×××网络科技有限公司 单位：亿元 币种：人民币			
项目	附注	本期发生额	上期发生额
一、经营活动产生的现金流量：			
经营活动现金流入小计		30.15	25.15
经营活动现金流出小计		30.70	23.89
经营活动产生的现金流量净额		−0.55	1.26
二、投资活动产生的现金流量：			
投资活动现金流入小计		5.04	2.82
投资活动现金流出小计		7.76	3.47
投资活动产生的现金流量净额		−2.72	−0.65
三、筹资活动产生的现金流量：			
筹资活动现金流入小计		4.46	1.91
筹资活动现金流出小计		4.62	2.28
筹资活动产生的现金流量净额		−0.16	−0.37
四、期末现金及现金等价物余额		1.57	4.96

T 型账户法

T 型账户法同样以资产负债表和利润表的相关项目的数据为依据，只是将账户分为多个 T 型账户，在逐一分析并调整分录后，编制相应的现金流量表。现金及现金等价物的 T 型账户是很有意思的一个账户，如表 4-16 所示。

表 4-16　现金及现金等价物的 T 型账户

左上方：	右上方：
1. 经营活动现金流入量 销售商品或者劳务收入 60 000 2. 投资活动现金流入量 3. 筹资活动现金流入量 吸收投资收到现金 100 000	1. 经营活动现金流出量 购买商品或者劳务支付现金 24 000 支付职工及为职工支付的现金 10 000 支付各项税费 2 000 2. 投资活动现金流出量 构建固定资产支付的现金 15 000 3. 筹资活动现金流出量 分配股利及利息支付的现金
现金流入小计：160 000 现金流入净额：109 000	现金流出小计：51 000

通过 T 型账户编制现金流量表同样具有一定的步骤。

首先，将非现金项目开设的 T 型账户过入到相应的账户，如固定资产账户。

其次，开设现金及现金等价物的 T 型账户。

然后，编制调整分录登入 T 型账户，并核对。

最后，根据现金及现金等价物的 T 型账户，编制正式的现金流量表，并检查是否填写正确。

快速看懂现金流量表

虽然现金流量表和利润表一样，相对于资产负债表来说项目更少，数据

看起来似乎更简单，可就是这些看起来简单的数据，你能看懂吗?

刘先生大学毕业后一直从事市场方面的工作，今年又升了职，主要负责区域市场，每月税后工资有 3 万元，妻子在一家公司做平面设计，每月税后工资有 6 500 元。

家里现有银行存款 50 万元，基金 5 万元（每月买进 1 000 元），5 年期国债 10 万元。有一套按揭房，每月需还款 5 678.5 元，家庭每月生活开支 1.5 万元，宝宝上幼稚园，每月平均花费 5 166.67 元，其他人情往来 1 000 元。刘先生根据家庭的日常收入和支出，编制了一张现金流量表，如表 4–17 所示。

表 4–17　家庭月现金流量表

家庭月现金流量表			单位：元
月现金收入			
项目	明细	金额	占比
工资收入	刘先生	30 000	82.19%
	刘太太	65 00	17.81%
其他收入	—	—	—
合计	—	36 500	100%
投资收入	银行存款	1 604.17	76%
	基金	151	7.15%
	债券	355.83	16.85%
合计	—	2 111	100%
月现金支出			
房产	还款	5 678.50	21.15%
日常生活开支	生活消费	15 000	55.87%
教育	宝宝教育费	5 166.67	19.25%
其他支出	人情往来	1 000	3.73%
合计	—	26 845.17	100%

根据上表可知，刘先生家庭月现金净额＝月现金收入－家庭月现金支出=36 500+2 111−26 845.17=11 765.83（元）。

这就意味着刘先生的家庭当月是有结余的，不会出现透支情况，但这也并不代表家庭以后每月都不会透支，毕竟家庭每月支出是不固定的，收入也是。比如某月投资收益为负数或者工资降低都有可能，而在十一黄金周、双十一或者春节时，家庭花费支出也会增加。所以，现金流量表中每月、每季和每年的现金流量都是不同的。

企业的现金流量表和家庭现金流量表又有何不同呢？看下面一个案例。

汤先生所在的公司是一家生物科技公司，主营体外诊断产品的研发、生产和销售，在最近年度的财务报告中，营业收入2.31亿元，营业成本1.70亿元，投资收益619.92万元，资产处置收益56.88万元，其他收益543.48万元，货币资金2.12亿元，净利润6 382.46万元，相应的现金流量表如表4−18所示。

表4−18　现金流量表

2019年度合并及公司现金流量表 编制单位：　×××生物科技有限公司 单位：万元　币种：人民币			
项目	附注	本期发生额	上期发生额
一、经营活动产生的现金流量：			
销售商品、提供劳务收到的现金		22 700	19 200
收到的税费与返还		—	0.43
收到其他与经营活动有关的现金		2 735.72	1 265.3
经营现金活动流入小计		25 435.72	20 465.73
购买商品、接受劳务支付的现金		2 378.26	2 418.83

续表

支付给职工以及为职工支付的现金		7 333.84	5 742.11
支付的各项税费		1 456.48	1 287.09
支付其他与经营活动有关的现金		5 654.33	4 905.62
经营活动现金流出小计		16 822.91	14 353.65
经营活动产生的现金流量净额		8 612.81	6 112.08
二、投资活动产生的现金流量：			
收回投资收到的现金		40 900	54 200
处置固定资产现金收入净额		76	53.61
投资活动现金流入小计		40 976	54 253.61
购建固定资产、无形资产和其他长期资产支付的现金		9 873.89	2 930.57
投资支付及与投资活动相关的现金		38 600	53 700
投资活动现金流出小计		48 473.89	56 630.57
投资活动产生的现金流量净额		−7 497.89	−2 376.96
三、筹资活动产生的现金流量：			
筹资活动现金流入小计		—	—
分配股利、利润或偿付利息支付的现金		—	3 428.88
筹资活动现金流出小计		—	3 428.88
筹资活动产生的现金流量净额		—	−3 428.88
四、汇率变动对现金及现金等价物影响		0.44	
五、现金及现金等价物净增加额		1 115.36	306.24
加：期初现金及现金等价物余额		1 546.7	1 240.46

续表

六、期末现金及现金等价物余额		2 662.06	1 546.7
补充资料：			
1. 将净利润调节为经营活动现金流量：			

如上所示的现金流量表就是企业标准的现金流量表了，和个人或者家庭的现金流量表不同，它根据当期企业的资产负债表和利润表编制而成，主要反映企业的三大活动的现金流，对于个人家庭流量来说就是工资收入、投资收入和外债支出等。

企业的现金流量表该如何去看呢？一般可以从表头、表中及表尾去看，简单说明如下。

看表头，主要是看现金流量表的编制时间、编制单位和报表名称等，以前面汤先生所在的生物科技公司为例说明。时间为2019年度，单位为“万元”，名称是现金流量表。

2019 年度合并及公司现金流量表 编制单位： ××× 生物科技有限公司 单位：万元 币种：人民币			
项目	附注	本期发生额	上期发生额
一、经营活动产生的现金流量：			

现金流量表同样反映的是一个会计期间的现金流量变化情况，时间一般为月度、季度、半年度或年度。

看表中，主要是看企业的经营活动的现金流量，该活动带来的现金流是企业持续稳定经营的前提，通过这类活动，企业可以再投资、再生产。企业的现金活动带来的流量越多，越能促进企业的长远发展。

看表尾，现金流量表的表尾主要反映了当期的现金流量变化的总结果，

如汇率变动影响、现金及现金等价物本期增加额或者减少额、期初额和期末余额等，同样以汤先生所在的生物科技公司为例，当期余额为 2 662.06 万元。

四、汇率变动对现金及现金等价物影响		0.44	
五、现金及现金等价物净增加额		1 115.36	306.24
加：期初现金及现金等价物余额（元）		1 546.7	1 240.46
六、期末现金及现金等价物余额		2 662.06	1 546.7

当然，对于现金流量表，除了看表头、表中和表尾，最关键还是要看重点，可关注现金流量表中变化比较大的项目，可以将不同期间的现金流量进行对比，确定其增减变动金额。以某科技公司为例，见表 4–19。

表 4–19　现金流量表水平分析

现金流量表水平分析 编制单位：××× 科技有限公司 单位：元 币种：人民币				
项目	2018 年	2019 年	增减额	增减比
一、经营活动产生的现金流量：				
经营活动现金流入小计	478 657.3	483 490.9	4 833.6	1.01%
经营活动现金流出小计	377 747	511 786	134 039	35.48%
经营活动产生的现金流量净额	100 910.30	−28 295.1	−129 205.4	−128.04%
二、投资活动产生的现金流量：				
投资活动现金流入小计	15 071.09	317.22	−14 753.87	−97.90%
投资活动现金流出小计	33 205.88	21 946.46	−11 259.42	−33.91%
投资活动产生的现金流量净额	−18 134.79	−21 629.20	−3 494.45	−19.27%
三、筹资活动产生的现金流量：				

续表

筹资活动现金流入小计	1 000	1 000	0	0%
筹资活动现金流出小计	12 267.69	24 184.74	11 917.05	97.14%
筹资活动产生的现金流量净额	−11 267.70	−23 184.70	−11 917.10	105.76%
四、汇率变动对现金及现金等价物的影响额	−60.14	−34.07	26.07	−43.35%
五、现金及现金等价物增加额	71 447.72	73 143.20	−144 591	−202.37%

上表就是将企业两个会计期间的现金流进行对比，如企业在 2019 年度的经营活动现金流出相比 2018 年度，增加 134 039 元，这就意味着企业的经营支出相对增加了 35.48%。

上表的分析主要是从现金流量表的不同会计期间进行横向比较，水平地去分析各个项目的增减变动性，发现其中变化较大的项目，重点关注。如上表中经营活动现金流量净额相对上一年减少了 128.04%，投资活动现金流入减少了 97.90%，现金及现金等价物净增加额减少了 202.37%。

对于现金流量表的分析，除了如上的水平分析，一般还可以从结构上分析，也叫垂直分析，数据同样来源于上述科技公司，见表 4−20。

表 4-20　现金流量表垂直分析

现金流量表垂直分析 编制单位：××× 科技有限公司 单位：元　币种：人民币				
项目	**2018 年**	**2018 占比**	**2019 年**	**2019 占比**
现金流入项目：				
经营活动	478 657.3	96.75%	483 490.9	99.73%
投资活动	15 071.09	3.05%	317.22	0.06%
筹资活动	1 000	0.2%	1 000	0.21%

续表

现金流入量合计	494 728.39	100%	484 808.12	100%
现金流出项目：				
经营活动	377 747	89.25%	511 786	91.73%
投资活动	33 205.88	7.85%	21 946.46	3.93%
筹资活动	12 267.69	2.90%	24 184.74	4.34%
现金流出量合计	423 220.57	100%	557 917.2	100%
现金净流量项目				
经营活动	100 910.3	141.12%	−28 295.1	38.70%
投资活动	−18 134.79	−25.36%	−21 629.24	29.59%
筹资活动	−11 267.69	−15.76%	−23 184.74	31.71%
现金净流量合计	71 507.82	100%	−73109.08	100%

现金流量表垂直分析中，主要从现金流量表的结构上分析，如将现金流分为三大块：流入、流出和净额，并分别分析三大活动现金流的组成比例。

如上表中，在 2018 年度现金流入的组成中，经营活动现金流入占比 96.75%，投资活动现金流入占比 3.05%，筹资活动最少，占比 0.2%；而在 2019 年度，经营活动现金流入占比提升为 99.73%，投资活动现金流入占比降为 0.06%，筹资活动现金流入占比增加到 0.21%，这说明企业重视增加营业收入，同时减少了投资活动。

一般在现金流量表的最后，还会附带相应的现金流量表补充资料，作为对现金流量表的相关数据的补充说明，常见结构如表 4−21 所示。

表 4-21　现金流量表

2019 年度合并及公司现金流量表 编制单位：××× 生物科技有限公司 单位：亿元　币种：人民币			
项目	附注	本期发生额	上期发生额
补充资料：			
1. 将净利润调节为经营活动现金流量：			
净利润		1.51	5.74
2. 不涉及现金收支的重大投资和筹资活动：			
3. 现金及现金等价物净变动情况：			
现金的期末余额		3.04	14.65
减：现金的期初余额		14.65	4.87
间接法 – 现金及现金等价物净增加额		−11.61	9.78

第 5 章

股东变化怎么破，观所有者权益表

我们常听说企业要融资、要上市，一个企业从初创到上市需要经历“九九八十一难”，在这过程中，企业的股东可能从一个增加到两个，再增加到无数个，股东或是个人，或是公司，或是大集团。

随着企业股东的复杂化，股东权益也是不断变化的，股东投资金额变了，各股东占比就变了，股东的分红更是变了。所有者权益变动报表就是对企业的股东权益在会计期间内的变化进行反映的报表。如何看懂该报表，分析有技巧，本章就将对该报表进行详细的说明。

股东权益四大项

首先，我们来做一个单选题，下面的哪一项目可以计入个人所有者权益？

A. 银行存款

B. 股东分红

C. 按揭房屋

D. 工资收入

先记住你选择的答案。现在，我们换个角度，下面的哪一项目可以计入公司的所有者权益？

A. 存货

B. 流动性金融资产

C. 主营业务收入

D. 留存收益

对于个人来说，银行存款、按揭房屋和工资收入都计入了个人的资产，只有股东分红可以计入个人所有者权益。而对于企业来说，存货及流动性金融资产一般计入企业的资产；主营业务收入为利润表项目，只有留存收益计入所有者权益。

所有者权益简单理解就是企业的资产减去负债后所有者应享有的剩余权益，存在公式“资产＝负债＋所有者权益”，所以，所有者权益＝资产－负债。

所有者权益根据其经济内容，一般可以分为投入资本、资本公积、盈余公积和未分配利润 4 类。

在 2012 年，张先生和刘先生两人各出资现金 100 万元，成立了 A 公司，出资额全部存入银行。在 2015 年，谭先生和李先生愿意分别出资 80 万元和 60 万元加入 A 公司，增资手续办理完成后，出资款全部存入银行。

在 2018 年，公司全部资产评估为 1 000 万元，全部转为股本，另对外发行股票 1 000 万股，每股面值 1 元，每股实收现金 1.5 元，当年的净利润为 375.48 万元，提取盈余公积 17.55 万元，未分配利润 184.75 万元。

张先生、刘先生、谭先生和李先生的实际出资额都属于投入资本，500 万元（1.5×1 000−1×1 000）的股本溢价可以理解为资本公积，未分配利润和提取的盈余公积可以理解为企业的留存收益。下面对这 4 类所有者权益做详细说明。

投入资本

投入资本是所有者在企业注册资本的范围内实际投入的资本，一般在不同的企业中，投入资本的表现形式不同，如股份有限公司为股本，其他企业中常见为实收资本，如张先生、刘先生成立 A 公司时实际现金出资各 100 万元。

投入资本按照所有者的性质不同，还可以分为国家投入资本、法人投入资本、个人投入资本和外方投入资本，常见如国企、中小企业、私企和外企等。

根据所有者投入资本的性质不同，还可以分为货币投资、实物投资和无形资产投资，如 B 企业，唐先生现金投资 500 万元，何先生以每台价值 300 万元的两台机器设备投资，曾先生以估值 200 万元的技术入股。

资本公积

资本公积简单来说，它是企业通过非营业利润获得的净资产，包括接受捐赠、资本溢价所得和资本汇率折算差额等，如A公司对外发行1 000万股股票，每股面值1元，每股实收现金1.5元，那么（1.5−1）×1 000=500（万元），就属于资本溢价所得，确认为企业的资本公积。

盈余公积

盈余公积是企业从税后的净利润中提取的公积金，可以用来弥补企业的亏损，或者根据相应的法定程序转增资本。法定公积金的提取比例为10%，一般来说，企业提取的盈余公积会在当期的资产负债表中有所列示。

未分配利润

未分配利润是本年度实现的净利润经过利润分配以后剩余的利润，也是等待以后分配的利润。如果未分配利润为负数，意味着以前年度还有亏损，应由以后年度的利润或者盈余公积来弥补。一般未分配的利润都会在资产负债表中直接列示出来。

根据所有者权益的渠道来源，还可以将所有者权益分为原始资本和经营中形成的资本。原始资本一般分为投入资本和资本公积，经营中形成的资本则包括盈余公积和未分配利润。我们要注意，企业的所有者权益和债权人权益是具有一定区别的，简单介绍如下。

- **性质不同：**所有者权益的本质是资本，在企业的存续期间不需要偿还；债权人权益本质是负债，在企业的存续期间需要偿还。
- **权利不同：**所有者权益是企业投资者对企业净资产的要求权；债权人权益是企业债权人对企业全部资产的要求权。
- **偿还期限不同：**所有者权益在公司经营期间除了依法转让外，不得抽回资金，而债权人权益则具有固定的偿还日期，公司必须到期足额偿付本金和利息。

- **风险不同**：所有者权益的报酬率随着公司经营业绩高低不断变化，当公司经营业绩较好时，所有者权益报酬率相对较高，当公司经营业绩较差时，所有者权益报酬率可能为零或者负数，此时可能损失初始投入资本；而债权人权益的报酬率，不管公司经营如何，一般相对稳定，所以相对来说，所有着权益的风险是大于债权人权益的。
- **清偿时间不同**：一般企业在偿还了债权人的权益后，剩余部分才是所有者权益，即企业要先还债然后才能“发红包”；当企业进行破产清算时，在支付了破产、清算费用后将优先用于偿还负债，如有剩余资产，才能按比例返还所有者。

所有者权益和债权人权益虽然有如上的差别，但是他们还是具有一定的共同性的，如都是公司资金来源的途径，都是公司资金的所有者，都希望能够从公司经营中或与公司的交易中获得相应的收益。

九问上市公司权益分配

作为“收红包”的股东们，一定听过“10 送 5 转 4 派 2”，这是什么意思呢？来看一个例子就知道了。

A 公司以现有股本 1 000 000 000 股为基数，向全体股东每 10 股送红股 5 股，派 2 元现金，同时以股票溢价的发行形式，向全体股东每 10 股转增 4 股，即“10 送 5 转 4 派 2”。

如上例所示，“10 送 5 转 4 派 2”就是上市公司权益分配的一种体现。而关于上市公司的权益分配，我们还有一些最基本的问题要明确。

①股息、分红、股利有什么区别？

一般可以从定义、受益对象和获取时间上去区分，见表 5-1。

表 5-1　股息、分红、股利的区别

项目	股息	分红	股利
定义	简单理解就是股票的利息，股票利率一般都是相对固定的	当我们购买了上市公司的股票后，我们就获得了公司分红的权利	股利是股息和红利的总称
受益对象	优先股的股东获得的是股息，而股息率一般根据事先约定的固定比例向股东们分配，在一定时间内相对固定	普通股的股东一般都是获得分红，红利的大小根据企业在营业年度的盈利状况确定，一般都是浮动的，不固定	股息和分红都是股利的一种表现形式，所以两者的收益对象对股利来说都有，股息相对的是优先股，红利相对的是普通股
获取时间	对于股息的发放时间，一般在年底或者第二年年初，也可以分期多次发放，具体以企业公布为准	对于分红，企业一般都会在第二年度的年初才会进行发放	股利的发放一般在期末结算后，具体在股东大会通过了相应的利润分配方案和结算方案后

②股东们都怎么获得红包？也就是说股利是如何发放的？

股利的主要发放形式有现金股利、股票股利、财产股利和建业股利等，但一般在沪深上市的公司，采用现金股利和股票股利，后两者很少采用。

现金股利最为常见，就是我们常见的派现；股票股利就是上市公司常见的送红股，以赠送本公司股票的形式代替现金。

财产股利常见的就是以现金以外的资产作为股东的股利，如以本公司持有的有价证券或公司物资作为股利发放。

建业股利一般只有建设周期长、资金周转慢且风险大的公司才会采用这种形式，公司通过筹集到的资金作为投资的盈利发放给股东。

③送红股和转增股本有什么区别？

转股简单来说就是将企业的资本公积转化为股本，如某企业将股本溢价 1 000 万元全部转化为股本，转增资本就是通过资本公积向股东转送股票。与公司的利润无关。

送红股来源于税后利润，只有企业存在税后可分配利润时，才能向股东送红股，送红股的多少与企业的可分配利润大小及时间相关。

④权益分配方案怎么来确定？

一般上市公司在年度结算以后，在年度报告中会公布相应的权益分配方案，提交股东大会审议表决。

在考虑权益方案时，首先考虑优先股东的股息，如果还有利润可分配，才考虑普通股的分红。而股东的红利多少，一般需要根据当年度公司的经营业绩来看，还要考虑国家税收和公司的长远发展。

⑤上市公司分红派息怎么走流程？

上市公司的分红，一般走 4 个节点：预案日→股东大会日→股权登记日→除权除息日，如下所示为 A 上市公司公布的分红流程。

2019 年 1 月 31 日发布公告，公布了 2019 年度分红预案——预案日。

2019 年 3 月 1 日发布公告，公布了公司股东大会通过了分红预案——股东大会日。

2019 年 3 月 6 日发布公告，实施分红，股权登记日为 2019 年 3 月 9 日。

2019 年 3 月 12 日，为除权除息日。

⑥怎么来理解除权除息？

如果李先生在股权登记日持有 100 股股票，那么这 100 股股票就是有“权”

的，如“10 送 5 转 4 派 2”，可以享受分红派息的权利。但如果到了除权除息日，他的这 100 股就不再有权了，如果在当天他将这 100 股卖给了刘先生，刘先生同样不享有“权”，也不能享受分红派息的权利。

⑦现金分红怎么缴税？

谭先生持有 A 公司股票 1 000 股，A 公司实行每 10 股派 102.8 元，收到现金红利 10 280 元；谭先生持有了 23 天时，卖出了 500 股，持股时间低于一个月，税率为 20%，那么他需要缴税 1 028 元（500/10×102.8×20%）。

一般持股时间越长，缴纳税费越低，所以很多人会在上市公司公布分红以后，选择在股权登记日之前卖出手中的股票。

⑧股票分红有没有意义？

对于很多人来说，都觉得股票分红没什么意义，觉得分红就是左手到右手，从一个口袋换到另一个口袋。

但一些高股息的股票每年的分红是可以给投资者提供不错的回报的，因此高分红的个股往往受到市场的追捧。如果不依靠股票分红，就只能通过交易套现。

⑨什么是除权价？

展先生购买了 A 公司个股 500 股，该公司对股东实行每 10 股转增 6 股。在股权登记日，每股现值 10 元，公司总股本 1 000 万份，那么公司总值 1 亿元；转增后，股本就为 1 600 万份（1 000+1 000/10×6），公司的总价值还是 1 亿元，各股东的持股比例还是一样，而展先生原有 500 股，现值 5 000 元，转增后就有 800 股，现值还是 5 000 元，只是每股变为 6.25 元，这个 6.25 元就是除权价。

盈余公积的特殊规定要明白

如下两种公积金有何不同？

【例 1】

柯先生和女友大学毕业后都留在了家乡工作，公司都为两人缴纳了社保和住房公积金，其中柯先生每月缴纳公积金 1 873.45 元，女友每月缴纳公积金 1 236.25 元，两人租了一套一室一厅的房子，每月房租 1 500 元。

由于每月房租较高，于是他和女友商定，可以通过住房公积金来支付房租，如柯先生提取了 936.72 元，女友提取了 618.12 元，总计 1 554.84 元，一年可以提取 18 658.08 元。

【例 2】

刘先生所在的公司由于经营得当，在年底时实现了净利润 347.28 万元，根据公司法的相关规定及其股东大会的决定，做出如下方案：按 10% 的比例提取法定盈余公积金，按 3% 的比例提取任意盈余公积金。

刘先生所在公司当年总共提取的法定盈余公积金＝净利润 × 提取比例＝3 472 800×10% ＝ 347 280（元）

该公司提取任意盈余公积金＝净利润 × 提取比例＝ 3 472 800×3% ＝104 184（元）

两例都属于公积金提取操作，但是例 1 中的公积金主要是指住房公积金，是国家机关、国有企业、城镇集体企业、外商投资企业、城镇私营企业及其他城镇企业、事业单位、民办非企业单位、社会团体和其在职职工缴存的长期住房储蓄金。

而例 2 中的公积金是盈余公积金，是企业按照相应的规定，从净利润中提取的一种积累资金，一般可分为法定盈余公积和任意盈余公积。根据公司法规定，法定盈余公积按照税后利润的 10%提取，当累计的提取金额已经达到注册资本的 50%，可以不再提取。如 A 公司注册资本为 200 万元，在 5 年以后，法定盈余公积金累计提取到 100 万元，那么以后的年度都不用再提取法定盈余公积金。而任意盈余公积金一般根据公司章程的规定或股东大会的决议提取，如例 2 中，根据股东大会规定，按照净利润的 3% 提取。

根据最新的规定，我们需要重点明确法定盈余公积金的如下几点内容。

◆ **提取比例**：根据当年的税后利润的 10% 提取。

◆ **提取金额**：当法定盈余公积金已达到注册资本 50% 时，可不再提取。

◆ **提取用途**：法定盈余公积金可用于弥补亏损、转增资本和派送新股等。

◆ **转增注意**：当企业用盈余公积转增资本后，法定的盈余公积不能低于转增前公司注册资本的 25%。

法定盈余公积金是国家统一规定必须提取的公积金，一般只有出现如下情况时，年末才可不计提。

◆ 法定盈余公积金已达到注册资本 50%。

◆ 当年的净利润在弥补以前年度的亏损后为负数。

◆ 当年净利润为负数。

一般只有法定的盈余公积才会有特殊的规定，主要体现在它的提取比例、提取金额、转增比例和终止提取等方面。而对于企业的任意公积金，没有硬性的规定，一般不同的企业可能存在不同的比例，如 A 公司提取比例为 3%，B 公司提取比例为 6%，一般都是公司自主安排，以股东大会作出的相应决定为准。盈余公积提取后，一般情况下不得用于向投资者分配利润或股利。

实收资本如何核算

下面两例中，实收资本如何计算？

张女士大学学的财务管理，毕业后在一家公司做会计工作，工作几年后和朋友商量，打算自主创业。最近收到了朋友刘先生的投资款 200 万元，但她和另一个合伙人商量，公司注册只需要 150 万元，于是就有了资本溢价 50 万元，她做了相应的记录。

在经营一年后，张女士的公司收到了李先生以 B 公司的名义提供的价值 535 000 元的机器设备一台作为资本投入，其中增值税进项税额为 69 550 元，两公司约定 B 公司以 604 550 元（535 000+69 550）作为投入资本，同时刘女士以无形资产作为投入资本，经评估后价值为 365 000 元。

在计算之前，我们先根据前面章节中提到的所有者权益知识，编制几个会计分录，答案就很清楚明白了。

创立初期可以得出相应的会计分录如下。

借：银行存款　　2 000 000

　　贷：实收资本　　1 500 000

　　　　资本公积——资本溢价　　500 000

经营过程汇总增加投资时可以得出相应的会计分录如下。

借：固定资产　　535 000

　　应交税费——应交增值税（进项税额）　　69 550

　　无形资产　　365 000

贷：实收资本——B 公司　　604 550

——刘女士　　365 000

根据以上分录，创立初期的实收资本就为 150 万元，其中多余的 50 万元将计入资本溢价中；而在增加投资时总计的实收资本为 969 550 元。

实收资本简单来说就是投资人投入的资本，按照投资形式可划分为：货币资金、实物和无形资产 3 种。而对于实收资本的核算，主要还是看所有者投入的具体资本。

- **现金投入**：应该以实际收到的或者存入企业的开户银行的时间和金额确定入账，但金额超过其在该企业注册资本中所占份额的部分，计入资本公积。如上例中张女士朋友投资的 200 万元，其中超出注册资本的 50 万元计入资本公积；如果个人或者公司以外币投资的，应将外币折算为记账本位币后的金额入账。
- **实物投入**：当个人或者企业以固定资产入资的，应先确定其入账价值再核算实收资本，如上例中 B 公司投入的机器设备 604 550 元。
- **无形资产**：根据投资双方确认的入账价值作为实收资本入账金额，但一般不超过注册资本的 70%。如上例中刘女士以无形资产 36.5 万元入资。

一般除了外来投入资本作为实收资本入账，在企业内部也会有实收资本的产生，如资本公积转为实收资本，或者将盈余公积转为实收资本，两者的核算大同小异。A 公司将 50 万元的资本公积转为实收资本，10 万元的盈余公积转为实收资本，账务处理如下。

①资本公积转为实收资本。

借：资本公积　　500 000

贷：实收资本　　500 000

②盈余公积转为实收资本。

借：盈余公积　　　　　　　　　　　　　　100 000

　　贷：实收资本　　　　　　　　　　　　　　100 000

虽然两者账务处理大同小异，但是要注意，资本公积和盈余公积都属于所有者权益，当转为实收资本时，如果企业结构比较简单，如独资企业，直接结转即可；但如果为股份公司，前提是在原有投资者持股比例增加的基础上才结转，公司一般会发放新股。

当然，企业的实收资本除了不断增加的情况，也会出现减少的情况。当企业出现重大亏损，需要发还股款时，实收资本就会减少。如 A 企业 3 年来连续出现重大亏损，于是企业发还股款 100 万元，账务处理如下。

借：实收资本　　　　　　　　　　　　　　1 000 000

　　贷：银行存款　　　　　　　　　　　　　　1 000 000

除此外，企业发展到一定的阶段，资本结构发生变化时，实收资本也会出现减少的情况。在核算实收资本时，可进行明细科目的核算，如“实收资本——B 公司”会计科目。

一般企业都设有单独的“实收资本”会计科目，但在股份有限公司中，一般会将实收资本列示为“股本”会计科目进行核算，资本溢价通过“股本溢价”会计科目核算。

未分配利润如何列示

下面两例中，未分配利润如何计算？

【例 1】

李先生是一家外贸公司的主管，税后年薪 65 万元，个人年度支出 25 万元，妻子在一家事务所工作，税后年薪 35 万元，年度个人支出 20 万元。两人在结婚时按揭了一套房屋，双方父母支援了首付，现在每月需要还款 3 万元。最近两人又全款购置了一套房屋，用于出租，税后年租金 6 万元，李先生名下有一辆价值 68 万元的车，妻子名下有一辆 35 万元的车，两人共同的储蓄和金融资产共 50 万元，上市公司股票 50 万元，债券基金 10 万元，在过去一年，金融投资收益总计 20 万元。

李先生经过计算，年底的总收益 =（65+35+6+20）−（25+20+3×12）=45（万元）。上一年年底总收益是 38 万元，总计 83 万元。李先生将其中的 10 万元用于家庭年底开支后，打算用剩余的 73 万元在明年给自己和妻子再购买一份商业险，同时给宝宝存下一笔教育基金，同时带着双方父母去一趟欧洲游。

【例 2】

刘女士、罗女士和欧阳女士 3 个自然人共同出资成立了 A 公司，其中 3 人的投资比例为 5 ∶ 3 ∶ 2。经过几年的经营，为了扩大资本的总额，经过年末的股东大会决议，验资和工商登记后，决定将企业未分配的利润 200 万元转增资本，公司的财务人员做了相应的账务处理。

借：利润分配——转作股本的股利　　　　2 000 000

　　贷：实收资本——刘女士　　　　1 000 000

　　　　　　　　——罗女士　　　　600 000

　　　　　　　　——欧阳女士　　　　400 000

同时公司还将代扣代缴 3 人的个人所得税，账务处理如下。

3 人共缴纳个人所得税税额 =2 000 000×20%=400 000（元）

借：应交税费——应交个人所得税　　　　400 000

　　贷：银行存款　　　　400 000

两例都可以看成未分配利润的案例，对于例 1，未分配的利润就是年底结余的部分，如李先生将上一年度的结余加上当年的结余 83 万元，将其中的 10 万元留作家庭年底开支，剩余的 73 万元可以看作家庭当年的未分配利润。

在例 2 中，企业是直接将当年的未分配利润进行了处理，如将 200 万元转增资本，而转增的资本将按照股东的出资比例分摊到股东的身上。

在对未分配利润进行列示之前，首先我们应该明白企业的未分配利润是如何定义的。

未分配利润是企业留待以后年度分配或待分配的利润。存在计算公式“未分配利润 = 期初未分配利润 + 本期实现的净利润 − 提取的各种盈余公积 − 分出的利润”，它在以后的年度可继续进行分配。

未分配的利润代表着利润留待以后年度处理，利润的用途未特别指明。企业当年实现的利润总额在缴完企业所得税后，其净利润可按照以下顺序进行分配。

- 首先弥补以前年度亏损。
- 然后提取法定盈余公积金。
- 接着提取任意盈余公积。
- 再分配优先股股利。
- 最后分配普通股股利。

当净利润经过了上述 5 个程序后，剩下的就是本年度未分配利润余额。未分配利润的列示简单介绍如下。

柯先生所在的 F 公司本年度的税后净利润为 1 500 万元，公司董事会决定按照 8% 的比例提取任意公积金，经过股东大会批准以后，公司向股东分配现金股利 500 万元，年初未分配利润 245 万元。

根据如上的未分配利润的来源，F 公司做了如下的账务处理。

①净利润转为利润分配。

借：本年利润　　15 000 000

　　贷：利润分配——未分配利润　　15 000 000

②提取盈余公积金和任意公积金。

法定盈余公积 =1 500 × 10%=150（万元）

任意盈余公积 =1 500 × 8%=120（万元）

盈余公积金 =150+120=270（万元）

借：利润分配——计提盈余公积　　2 700 000

　　贷：盈余公积——法定盈余公积　　1 500 000

　　　　　　　　——任意盈余公积　　1 200 000

③公司股东会批准向股东分配现金股利为 500 万元。

借：利润分配——未分配利润　　5 000 000

　　贷：应付股利　　5 000 000

综上，本年度未分配的利润余额为：1 500−270−500=730（万元），期初余额为 245 万元，那么本年度的未分配利润期末余额就为：730+245=975（万元）。

当我们明白了未分配利润的来源，就来思考一个问题。

如果 A 企业的期初未分配的利润为 934 万元，盈余公积为 114 万元，本年度的净利润为 −85 万元，请问这种情况下，可以按照 8% 的比例提取任意公积金吗？期末的未分配利润是多少？

我们知道盈余公积是根据当年的净利润的一定比例进行提取的，和本年的未分配利润无关，因为本年的净利润为 −85 万元，所以本年亏损，可以不用提取盈余公积金。所以，任意公积金也不需要提取。

年末未分配利润 = 期初未分配利润 + 净利润 =934−85=849（万元）

企业的未分配利润的构成情况还可以在财务报表的附注中查看，如表 5−2 所示。

表 5−2　未分配利润构成

项目	本期	上期
调整后的期初未分配利润	542 617 419.41	483 447 730.01
加：本期净利润	−217 656 162.57	59 169 689.4
应付普通股股利	30 780 242.91	—
期末未分配利润	194 181 013.93	542 617 419.41

库存股的简单处理

在核算库存股之前，首先我们得明白什么是库存股?

【例 1】

黄先生在 2019 年 3 月 10 日加入了一家互联网创业公司，公司承诺对其发放期权，9 月 10 日，公司给予他 5 万股的期权，当日为起始日，分别分 3 期发放。次年 9 月 10 日，黄先生到手 12 500 股；从次年 10 月 10 日起，每月到手 104 股，到第三年 9 月 10 日，黄先生到手 12 492 股，累计到手 24 992 股；第四年 9 月 10 日，黄先生离职，在离职后的 180 天里他需要决定是否购买这 24 992 股。

【例 2】

李先生所在的企业是一家高科技技术企业，他作为老员工之一，从公司成立之初就在公司，在公司上市以后持有了一部分公司股份，而在2019年10月，李先生的一项科研成果获得科研奖励，并为企业的业绩做出了重大的贡献，于是股东大会决议，公司以收回李先生手中的1 347股作为现金奖励，总计36.5万元。

在上述两例中，例1是一种期权，是一种未来奖励，只有企业上市并公开发行才能算股票，所以不是库存股；而例2中的李先生手中的被公司收回的1 347股作为企业公开的股票的一部分，是企业为了奖励员工而回购的，就是企业的库存股。那么什么样的股票才能算库存股呢？

库存股一般指已经公开发行的股票，发行公司通过购入、赠予或者其他的方式，重新获得可再次出售或者注销权利的股票。库存股又叫作库藏股，是核算企业收购的尚未转让或者注销的该公司的股份金额，和未公开发行的股票类似，没有投票权，也没有分配股利的权利。

库存股在回购后并不会注销，而是企业自己持有，当时机成熟，就可向市场出售或者奖励员工。库存股一般作为股东权益存在，是所有者权益的备抵项。下面再来看一个案例。

A企业对于回购的股份预案进行如下修改。

回购金额：从去年的1亿元至10亿元调整为5亿元至15亿元。

回购价格：由每股5元提高到每股5.5元。

回购的用途：从“用于本公司的职工奖励”修改为“用于员工的持股计划和股权激励，剩余为库存股”。

在今年年初，公司公布回购股份总额6亿元，用于股权奖励的有1亿元，剩余库存股的回购金额为5亿元。

库存股的核算账务处理如下。

借：库存股　　　　　　　　　　500 000 000

资本公积——其他资本公积　　　　100 000 000

贷：银行存款　　　　　　　　　　　600 000 000

因为回购库存股的目的不同，所以账务处理程序就存在不同，如为减少注册资本、奖励职工员工和公司合并等，都是借方为“库存股”会计科目，贷方为“银行存款”会计科目；将库存股进行转让或者注销时，账务处理相对更复杂。另外，企业一般都会在股东大会决议后直接公布库存股回购的金额。

所有者权益变动表的指标分析

对于个人或者家庭来说，我们可以通过月结余率或者年结余率来衡量一个家庭的收入和支出是否合理。

而对于企业来说，可以通过利润表计算相应的毛利率、净利率和净资产收益率等指标来看企业的盈利能力和成长能力，通过资产负债表计算相应的存货周转率、应收账款周转率、流动比率和资产负债率等指标来看企业的运营能力和偿债能力。

同样，企业可以通过所有者权益变动表计算相应的指标，从而看企业对于股东权益的保值、增值的能力如何，同时还可以了解企业的盈利能力。

汤先生所在的 A 公司是一家数字网络公司，集研发、生产和销售于一体，本年度净利润 9 059.13 万元，营业收入 37.95 亿元，资产合计 54.12 亿元，其中所有者权益为 24.31 亿元。上一年度的所有者权益为 23.66 亿元，而企业公布的资本保值率为 1.03。

在上例中，资本保值率就是所有者权益报表的指标之一，它反映了企业在一定会计期间内的资本保值和增值水平，其计算公式为：资本保值增值率 =（期末所有者权益 / 期初所有者权益）×100%。对于企业的正常经营来说，该比率应该大于 1，表示企业的所有者权益每一年都应该有增长。

一般除了资本保值增值率外，还有所有者财富增长率、利润分配率和留存收益率等，简单介绍如下。

所有者财富增长率

所有者财富增长率一般是指企业的实收资本或者股本在一定会计期间内的资本增长水平，是企业的投资者最关心的指标，主要体现了所有者的投资收益。

其计算公式为：所有者财富增长率 =[（期末每一元实收资本净资产 - 期初每一元实收资本净资产）/ 期初每一元实收资本净资产]×100%。其中，每一元实收资本净资产 = 当期企业净资产 / 股本总额。

如 A 企业的本期期初股本总额为 1 022 806 646 元，期末股本总额不变，本期的净资产为 2 431 252 756.67 元，上期的净资产为 2 365 713 752.99 元。根据相应的公式可得：期末每一元实收资本净资产 =2 431 252 756.67/ 1 022 806 646=2.38（元），期初每一元实收资本净资产 =2 365 713 752.99/ 1 022 806 646=2.31（元），所有者财富增长率就为：（2.38−2.31）/2.31×100%=3%。

利润分配率

利润分配率体现的是利润分配对于所有者权益的影响，其计算公式为：利润分配率 = 未分配利润 / 股本总额 ×100%。如某企业的未分配利润为 68 323 935.26 元，股本总额为 1 022 806 646 元，利润分配率就为 6.68%，这

体现了企业将未分配利润中的 6.68% 用于股利分配。

留存收益率

留存收益率衡量的是在当期的收益中，有多大的比例是用于公司的发展，其一般与股利支付率相对。如留存收益率 =1– 股利支付率，或留存收益率 = 留存的收益 / 净利润 ×100%，或留存收益率＝（净收益 – 全部股利）/ 净收益。一般新上市或者处于发展中的公司，留存收益率都较高。

当我们在计算这几个指标时，除了用到所有者权益变动表中的相关数据，一般还要用到资产负债表和利润表中的数据。

如在 A 企业的资产负债表中，所有者权益的期末股本为 1 022 806 646 元，期初的股本也为 1 022 806 646 元，未分配利润期末余额为 55 506 496.84 元，期初为 84 198 474.35 元，其余数据如表 5–3 所示。

表 5-3　资产负债表的所有者权益数据

项目	附注	期末余额	期初余额
所有者权益			
股本	44	1 022 806 646	1 022 806 646
资本公积	46	852 388 416.35	852 388 416.35
盈余公积	49	52 335 051.02	52 335 051.02
未分配利润	51	55 506 496.84	84 198 474.35
所有者权益总计		1 983 036 610.21	2 011 728 587.72
负债和所有者权益总计		1 983 746 951.46	2 014 330 373.39
法定代表人：叶 ×× 主管会计工作负责人：陈 ×× 会计机构负责人：刘 ××			

如上资产负债表反映的数据，与当期的所有者权益变动表中的数字是一致的，如表 5–4 所示。

表 5-4　所有者权益变动表

所有者权益变动表 2019 年 12 月 31 日 编制单位： ××× 高新技术产业开发股份有限公司 单位：元 币种：人民币					
项目	本期				
	股本	资本公积	盈余公积	未分配利润	所有者权益合计
一、上年期末余额	1 022 806 646	852 388 416.35	52 335 051.02	84 198 474.35	2 011 728 587.72
二、本年期初余额	1 022 806 646	852 388 4 16.35	52 335 051.02	84 198 474.35	2 011 728 587.72
三、本期增减变动金额 （减少以“—”号填列）	0	0	0	−28 691 977.51	−28 691 977.51
四、本期期末余额	1 022 806 646	852 388 4 16.35	52 335 051.02	55 506 496.84	1 983 036 610.21

上面两张报表之间的这种数据对应关系，就是我们在第一章说过的报表之间的钩稽关系。所以在看不懂某一报表的数据时，可以到另外的报表中去查询，当然还可以在报表附注中查询。

看懂所有者权益变动表

所有者权益变动表反映了构成所有者权益的各组成部分当期的增减变动情况，也反映了股东的权益如何因为企业的经营而出现的各种变化。

当你购买了一家公司的股票，你也就已经成为所有者中的一员，所有者权益你同样享有。现金股利多少，增减变动如何，这些你都可以通过所有者权益变动表来看。如何看出一个企业对待它的股东是否公平呢？在所有的财报里，可以看所有者权益变动表。

所有者权益也称为股东权益，其计算公式为：所有者权益 = 总资产 − 总负债，它是股本、资本公积、盈余公积、未分配利润和其他综合收益的总计，反映了股东在企业的经营中享有的经济利益。

所有者权益变动表一般以矩阵形式进行列示，且是一种内部含有比较的变动报表，通过本年金额和上年金额，将报表分为两大块，报表本身就是一种比较。

A 公司是一家以系统集成、软硬件研发和销售一体的公司，陶先生是公司的一名销售经理。快到年底了，他统计了今年的销售业绩情况，发现今年相比去年已经超额完成了任务。2019 年主营业务收入 10.91 亿元，净利润 1.51 亿元，其中资产 71.05 亿元，负债 14.06 亿元，所有者权益总计 56.59 亿元，而对于实收资本、盈余公积、库存股和未分配利润的变化，具体见表 5–5。

表 5-5　所有者权益变动表

合并所有者权益变动表 2019 年 12 月 31 日 编制单位：×××智慧股份有限公司 单位：元　币种：人民币							
项目	本期						
	归属于母公司所有者权益						
	股本	资本公积	减：库存股	盈余公积	其他综合收益	未分配利润	所有者权益合计
一、上年期末余额	840 844 445	3 850 585 747.89		67 838 164.18	7 850.40	810 105 102.71	5 569 381 310.18
加：会计政策变更	–	–	–	–	–	–	–
前期差错更正	–	–	–	–	–	–	–
企业合并	–	–	–	–	–	–	–
二、本年期初余额	840 844 445	3 850 585 747.89		67 838 164.18	7 850.4	810 105 102.71	5 569 381 310.18
三、本期增减变动金额（减少以“－”号填列）	252 253 289	−252 253 289	1 967 993.73	3 039 779.56	−69 073.15	88 984 878.24	89 987 590.92

（一）综合收益总额					−69 073.15	150 867 498.01	150 798 424.86
（二）所有者投入和减少资本	252 253 289		1 967 993.73				250 285 295.27
1. 所有者投入的普通股	–	–	–	–	–	–	–
2. 股份支付计入所有者权益的金额	252 253 289						252 253 289
3. 其他			1 967 993.73				−1 967 993.73
（三）利润分配		−252 253 289		3 039 779.56		−61 882 619.77	−311 096 129.21
1. 提取盈余公积				3 039 779.56		−3 039 779.56	
2. 对所有者（或股东）的分配		−252 253 289				−58 842 840.21	−311 096 129.21
（四）所有者权益内部结转	–	–	–	–	–	–	–
（五）专项储备	–	–	–	–	–	–	–
（六）其他	–	–	–	–	–	–	–
四、本期期末余额	1 093 097 734	3 598 332 458.89	1 967 993.73	70 877 943.74	−61 222.75	899 089 980.95	5 659 368 901.1

项目	本期						
	归属于母公司所有者权益						
	股本	资本公积	减：库存股	盈余公积	其他综合收益	未分配利润	所有者权益合计
一、上年期末余额	840 844 445	3 827 857 249.71		65 101 952.64	257.82	280 709 022.14	5 009 078 022.96
加：会计政策变更	–	–	–	–	–	–	–
前期差错更正	–	–	–	–	–	–	–
二、本年期初余额	840 844 445	3 827 857 249.71		65 101 952.64	257.82	280 709 022.14	5 009 078 022.96
三、本期增减变动金额（减少以“—”号填列）		22 728 498.18		2 736 211.54	7 592.58	529 396 080.57	560 303 287.22
四、本期期末余额	840 844 445	3 850 585 747.89		67 838 164.18	7 850.40	810 105 102.71	5 569 381 310.18

该案例中展示的是一份常见的所有者权益变动表，整个报表包括了本期和上一期，体现了本期每一个项目的增减变动以及上一期和本期的项目金额对比，遵循着最基本的等式：本年度期末余额 = 年初余额 + 本年增减变动额。

当我们拿到一张上市公司的所有者权益变动报表后，该如何去看呢？一般可以看表头、看变动项目、看数据来源。

从所有者权益变动表的表头中，我们可以看到编制的单位、编制时间、货币单位，同时还可以看到所有者权益的各个组成部分，见表 5-6。

表 5-6　所有者权益变动表表头

<table>
<tr><td colspan="8">合并所有者权益变动表
2019 年 12 月 31 日
编制单位： ××× 智慧股份有限公司
单位：元 币种：人民币</td></tr>
<tr><td rowspan="3">项目</td><td colspan="5">本期</td><td></td><td></td></tr>
<tr><td colspan="6">归属于母公司所有者权益</td><td></td></tr>
<tr><td>股本</td><td>资本公积</td><td>减：库存股</td><td>盈余公积</td><td>其他综合收益</td><td>未分配利润</td><td>所有者权益合计</td></tr>
</table>

通过看上表的表头，我们可以看到，编制单位是 ××× 智慧股份有限公司，货币单位为元，这是一份合并后的所有者权益变动报表，表示企业是具有子公司的，而归属于母公司的所有者权益主要包括股本、资本公积、库存股、盈余公积、其他综合收益和未分配利润。

对于所有者权益变动表中增减项目的变动，主要看变动金额较大的项目，一般主要看“本期增减变动”一栏，同样以陶先生所在的公司为例，如表 5-7 所示。

表 5-7 增减变动项目

项目	股本	资本公积	减：库存股	盈余公积	其他综合收益	未分配利润	所有者权益合计
二、本年期初余额	840 844 445.00	3 850 585 747.89		67 838 164.18	7 850.40	810 105 102.71	5 569 381 310.18
三、本期增减变动金额（减少以“—”号填列）	252 253 289.00	−252 253 289.00	1 967 993.73	3 039 779.56	−69 073.15	88 984 878.24	89 987 590.92
四、本期期末余额	1 093 097 734.00	3 598 332 458.89	1 967 993.73	70 877 943.74	−61 222.75	899 089 980.95	5 659 368 901.10

在上表中，每一项目都有增减变动，除资本公积和其他综合收益外，其他的项目都呈现增长状态，特别是库存股，在上一期期末没有，在本期新增了 1 967 993.73 元，而资本公积本期减少 252 253 289 元，其他综合收益也减少 69 073.15 元。

对于所有者权益变动表中各项目的变化，一般在表中就可以找到相应的数据来源，从而分析其变动原因。如企业的股本，期初余额为 840 844 445 元，本期增加额 252 253 289 元，通过利润分配，我们看到本期的资本公积减少了 252 253 289 元，说明在本期，企业将资本公积转增了股本，见表 5–8。

表 5-8 变动金额来源

项目	股本	资本公积	减：库存股	盈余公积	其他综合收益	未分配利润	所有者权益合计
二、本年期初余额	840 844 445	3 850 585 747.89		67 838 164.18	7 850.4	810 105 102.71	5 569 381 310.18
三、本期增减变动金额（减少以“—”号填列）	252 253 289	−252 253 289	1 967 993.73	3 039 779.56	−69 073.15	88 984 878.24	89 987 590.92
（一）综合收益总额					−69 073.15	150 867 498.01	150 798 424.86
（二）所有者投入和减少资本	252 253 289		1 967 993.73				250 285 295.27
（三）利润分配		−252 253 289		3 039 779.56		−61 882 619.77	−311 096 129.21

一般股本呈现正数增长，说明企业的财务状况良好；股本呈现负数变动，说明企业可能需要重整或者减资，弥补以前年度的累计亏损。

第6章

升级通关大攻克，合并财务报表

一个家庭的收支往往是由家庭个人的收支组成，如丈夫和妻子的收入与支出。

一个企业的财务状况如何，往往看企业的财务报表，在看报表的过程中，我们常常看到各种财务数据。这些报表都为合并的资产负债表、合并的利润表、合并的现金流量表、合并的所有者权益变动表吗？什么是合并？报表怎么合并？有哪些原则？前期如何准备？难点如何破解？四大报表如何合并？合并有什么妙招……

本章是一个升级大通关，在对前面的四大报表有了基本了解后，我们需要携带技能去理一理上市公司那些“跳跃飞舞”的报表。

母公司与子公司，关系要厘清

首先，我们来做一个多选题，下面的哪些项属于阿里巴巴？

A. 高德地图

B. 优酷

C. 知乎

D. 虾米音乐

大多数人会在一分钟内得出答案，除了知乎外，都属于阿里巴巴，那么如果阿里巴巴是母公司，其他三者都是它的子公司吗？

A 公司是一家以房地产为主的企业，主要经营范围为开发经营工业区，开办外引内联企业及其咨询、洽谈业务、生产经营高科技产品、化工产品、五金、交电、建筑装饰材料和技术咨询等，其中参股或控股公司有 16 家，合并报表有 13 家。

B 公司为 A 公司参股企业之一，B 公司的主营业务为股权投资、股权投资基金和实业投资等，A 公司 100% 参股，投资金额 5 060.3 万元，B 公司与 A 公司合并财务报表。

C 公司同样为 A 公司参股企业之一，C 公司的主营业务为煤炭的开采及销售，A 公司参股 45%，投资金额 1 869.62 万元。

在上例中，A 公司就为母公司，B 公司为其子公司，C 公司为联营企业，同样是 A 公司的参股企业，为什么 C 公司不是 A 公司的子公司呢？母公司和子公司之间的关系是否需要满足一定的条件？

母公司和子公司就像妈妈和儿子，虽然具有血缘关系，但彼此独立，都为独立的法人，均可独立承担民事责任。

母公司一般指持有某公司一定比例以上的股份或者通过协议能够对另一公司实行实际控制的公司，它具有法人资格，可以独立承担民事责任，如上述案例中的 A 公司。

子公司则与母公司相对应，指公司全部股份或者大部分股份被另一公司持有或者通过协议被另一公司实际控制，子公司同样具有法人资格和独立承担民事责任的能力。

如例中，B 公司被 A 公司 100% 占股，被 A 公司实际控制，而 A 公司只占股了 C 公司的 45%，A 公司并不能对 C 公司实行实际控制，所以 C 公司不是 A 公司的子公司，财务报表也未合并。

对于母子公司，简单区别如表 6-1 所示。

表 6-1　母子公司的区别

项目	母公司	子公司
控制权	母公司对子公司的重大事项拥有实际决定权，甚至能够决定子公司董事会的组成	子公司的重大事项由母公司决定，包括成立董事会
公司运营	母公司的公司章程、董事会、实际财产等与子公司独立，具有母公司财务报表，作为子公司最大的股东，以其出资额对子公司在经营中的债务承担有限责任	子公司具有自己的公司章程、董事会等，实际占有使用的财产属于子公司，有自己的财务报表。子公司以其全部资产承担相应的责任
公司设立	必须有一个以上的子公司，必须满足合并财务报表的要求，可控制一个子公司或者控制多个	必须被母公司控制，并且只能是一个母公司控制，不允许被多个母公司同时控制

一般当母公司设立子公司时，必须严格按照设立公司的要求提出申请，依法取得营业执照，办理相关手续后方可营业。

而在日常生活中，我们常听到某某分公司，这里的分公司并不是子公司，两者具有一定的区别，简单介绍如表 6-2 所示。

表 6-2　子公司与分公司的区别

项目	子公司	分公司
设立方式	一般根据公司法的规定设立，设立条件、出资方式和出资比例需要符合公司法	一般是总公司在住所地之外向当地工商机关申请设立，属于总公司的分支机构
公司运营	具有独立的法人和法人资格、独立名称、公司章程和组织机构，对外以子公司的名义从事相关活动	不具有独立的法人资格、公司章程、组织机构等，一般以总公司的分支机构的名义从事相关活动
债务承担	具有独立的财产，需要以全部的资产为限，对其债务承担相应的责任	分公司与总公司在财务上统一核算，其经营的债务由总公司负责清偿
控制方式	母公司一般不对子公司直接控制，一般会任免子公司的董事会成员，从而做出相应的影响子公司的生产经营活动的决策	分公司的日常经营一般受到总公司的直接控制，如业务、人事安排、财产等，在总公司的经营范围内从事相应的经营活动
营业执照	子公司的营业执照一般是企业的法人营业执照，有法定代表人的姓名等信息	分公司领取的营业执照一般只有负责人的相关信息，如总经理姓名等信息
产品包装	子公司在产品包装上必须标注自己的名称和住所	分公司可选择标注自己的名称和住所，也可以选择总公司的名称和住所，也可以同时标注

如果母公司和子公司是妈妈和孩子的关系，那么总公司与分公司就好像树干和枝干的关系，总公司也可以理解为公司总部，而分公司就是总部下设分支机构。

分公司与总公司相对，总公司也称为本公司，是一个大型公司的全部组织的总机构。

总公司的权利较高，具有独立的法人资格，能以自己的名义从事各项经营活动，根据相关管理规定，在企业名称中使用“总”字的，必须下设 3 个以上的分支机构。

一般分公司的住所是与总公司的住所分开的，如总公司在上海，分公司在成都。虽然所在地分开，但是分公司的日常经营要以总公司的名义进行，同时要按照总公司的章程办事。

合并报表的前期准备

首先我们来看，如图 6-1 和 6-2 所示的两张报表有何区别？

×× 工业区股份有限公司，主营开发经营工业区、房地产开发销售和原煤开采销售，在 2019 年度实现了营业收入 9.12 亿元，净利润为 3 972.33 万元，在 2019 年 12 月 31 日编制了相应的财务报表，其中合并的资产负债表具体如图 6-1 所示。

1、合并资产负债表

编制单位：×××工业区股份有限公司

2019 年 12 月 31 日

单位：元

项目	期末余额	期初余额
流动资产：		
货币资金	740,925,460.87	540,760,045.18

图 6-1

其中，在母公司的资产负债表中，货币资金期初余额为55 450 421.54元，期末余额为12 259 829.27元，具体如图6-2所示。

2、母公司资产负债表

单位：元

项目	期末余额	期初余额
流动资产：		
货币资金	12,259,829.27	55,450,421.54

图6-2

上图中的两张报表都反映的是同一家公司的相关财务状况，图6-1是一张合并后的资产负债表截图。合并财务报表是反映企业集团的整体财务状况、经营成果和现金流量的财务报表，而图6-2是只代表母公司财务状况的资产负债表。

合并的财务报表一般包括合并资产负债表、合并利润表、合并现金流量表和合并所有者权益变动表、附注。

当我们要进行家庭装修时，选择家装公司、和设计师沟通以及购买装修材料等都是前期准备。

如果一个公司要进行报表合并，同样需要进行相应的前期准备，不仅母公司需要进行前期准备，子公司同样需要。对于母公司前期准备，简单介绍如下。

◆ 统一母子公司的会计政策

一般应使子公司的会计政策和母公司保持一致，如果两者不一致，在编制相应的合并财务报表时，需要做出相应的措施进行调整，如母公司根据自身的会计政策，对子公司的财务报表进行调整，或子公司根据母公司的会计政策另行编制财务报表。

◆ 统一会计期间

一般我国境内的企业的会计期间都是按照公历会计年度进行，对于一些在境外开设的子公司，如果该公司的会计期间非公历会计年度，母公司在编制合并财务报表之前，需要对子公司的会计期间进行调整，子公司也可以根据母公司的会计期间另外编表。

◆ 对子公司的长期股权投资进行调整

一般按照权益法调整，在编写合并财务报表的工作底稿时进行，但要注意母公司的账簿记录和个别财务报表列报不要改变。

◆ 对子公司为外币报表的进行折算

外币报表需要根据相应的会计准则进行折算，如《企业会计准则第 19 号——外币折算》。

母公司在编制相应的合并财务报表时，必须得到子公司的配合和支持，为了保证合并财务报表的会计信息的真实、完整，子公司需要向母公司提供如表 6-3 所示的材料。

表 6-3 编制合并财务报表时子公司需要提供的资料

条目	资料
1	子公司的财务报表
2	与母公司不一致的会计政策
3	与母公司不一致的会计期间
4	影响合并报表编制的相关金额
5	与母公司和其他子公司之间的内部交易的相关资料
6	子公司所有者权益变动的相关资料
7	其他编制合并财务报表所需的资料

在合并报表时，合并的报表除了符合一般的会计报表的编制原则，还需要遵循一体性和重要性的原则，同时以个别报表为基础编制填写。

合并的财务报表能反映母子公司构成的企业集团的整体经营情况，在某种程度上能避免企业集团通过内部控股制作虚假报表。合并的报表涉及多个法人企业，为了最终形成统一、真实、准确、重要的报表，母公司和子公司都需要做好前期准备。

近年来，企业的兼并、重组和联合等业务的频繁发生，使企业的投资日趋复杂化，同时投资者、政府对于上市企业的监管和信息披露要求也越来越高，及时地编制合并财务报表是企业集团财务部门的重要工作之一。

5 招合并财务报表

首先，我们来做一个数字游戏，从如下的数字中，你可以看出什么？

A.【23,21】【26,8,1,15】

B.【8,5】【2,9,14,7】

C.【3,1,9】【23,21】

D.【2,1,15】【2,9,1,15】

所有的数字都在 1 ~ 26 的范围，如果我们将其与 26 个英文字母相对应，那么可翻译出一句话：5 招合并财务报表。

首先，编制合并工作底稿。合并工作底稿主要对母公司和纳入合并范围内的子公司个别会计报表的项目数额进行汇总，其基本格式如表 6–4 所示。

表 6-4　合并工作底稿

项目	母公司			子公司			合计金额	抵销分录		少数股东权益	合并金额
	报表金额	借方	贷方	报表金额	借方	贷方		借方	贷方		
利润表项目											
营业收入											
……											
所有者权益变动表项目											
未分配利润											
……											
资产负债表项目											
货币资金											
……											

其次，将母公司和子公司的相关财务报表的数据过入合并工作底稿，并且进行合计汇总。

再者，根据相关的资料或者附表编制相应的抵销分录，简单来说就是将母公司与子公司、子公司与子公司之间的一些重复的加总数据进行相应的抵销，从而使最终合并报表的数据真实、准确、可辨认。

A 公司，全资投资 a 公司，其中实收资本 100 万元，未分配利润 40 万元，盈余公积 15 万元，资本公积 10 万元；全资投资 b 公司，其中实收资本 50 万元，未分配利润 20 万元，盈余公积 4 万元，资本公积 5 万元。根据如上的数据可以编制相应的抵销分录，如表 6–5 所示。

表 6–5　抵销分录　　单位：元

序号	摘要	报表项目	借方金额	贷方金额	关联公司
1	母公司长期股权对子公司 a 所有者权益抵销	实收资本	1 000 000		母公司 & 子公司 a
2		资本公积	100 000		母公司 & 子公司 a
3		盈余公积	150 000		母公司 & 子公司 a
4		未分配利润	400 000		母公司 & 子公司 a
5		长期股权投资		1 650 000	母公司 & 子公司 a
6	母公司长期股权对子公司 b 所有者权益抵销	实收资本	500 000		母公司 & 子公司 b
7		资本公积	50 000		母公司 & 子公司 b
8		盈余公积	40 000		母公司 & 子公司 b

续表　　　　　　　　　　　　　　　　　　　　　　　　　单位：元

序号	摘要	报表项目	借方金额	贷方金额	关联公司
9		未分配利润	200 000		母公司 & 子公司 b
10		长期股权投资		790 000	母公司 & 子公司 b

然后，对合并会计报表的各项目进行汇总，一般包括资产类项目、负债类项目和所有者权益类项目等，存在公式：合并数 = 该项目加总的合计数额 +/- 该项目抵销分录有关的借方发生额 -/+ 该项目抵销分录有关的贷方发生额，具体见表 6-6。

表 6-6　抵销分录　　　　　　　　　　　　　　　　　　　单位：元

项目	合计	抵销借方	抵销贷方	合并数
资产合计	260 000		16 200	243 800
负债合计	160 000	10 000		150 000
所有者权益合计	100 000	6 200		93 800
负债与所有者权益合计	260 000	16 200	16 200	243 800

最后，根据工作底稿中计算出的资产、负债、所有者权益、收入、成本和费用等各类项目的汇总数据，填列正式的合并财务报表。

资产负债表合并有点复杂

虽然资产负债表的合并有点复杂，但是我们可以从最简单的学起，比如合并的原理是什么?

我们都知道，资产负债表是企业的家底证明，代表了一个企业有多少资产，多少负债，股东享有的权益有多少。企业资产负债表合并的本质就是对母公司与子公司以及子公司之间的关于资产、负债、所有者权益等重复的计算事项进行抵销，保证最终合并的资产负债表的准确、真实。

下面来看一个案例。

如果你手里有两张银行卡，一张工商银行卡，一张建设银行卡，其中工商银行卡里有现金余额 5 000 元，建设银行卡里无余额，你将这 5 000 元从工商银行卡转账到了建设银行卡，那么此时你两张银行卡里的余额还是 5 000 元。如果将这两张银行卡作为个人资产负债表的一部分，在变动之前的财务情况见表 6-7。

表 6-7　资产负债表 1　　单位：元

项目	工商银行卡期末余额	建设银行卡期末余额	合计
货币资金	5 000	0	5 000
资产合计	5 000	0	5 000
实收资本	5 000	0	5 000
负债与所有者权益合计	5 000	0	5 000

如果将工商银行卡和建设银行卡的转账作为一种资金往来款事项进行处理，那么转账以后，资产负债表将发生如表 6-8 所示的变化。

表 6-8　资产负债表 2　　单位：元

项目	工商银行卡期末余额	建设银行卡期末余额	合计
货币资金	0	5 000	5 000
其他应收款	5 000	0	5 000

续表　　单位：元

项目	工商银行卡期末余额	建设银行卡期末余额	合计
资产合计	5 000	5 000	10 000
其他应付款	0	5 000	5 000
实收资本	5 000	0	5 000
负债与所有者权益合计	5 000	5 000	10 000

如果将转账的 5 000 元作为一种投资事项来处理，资产负债表将有如表 6-9 所示的变化。

表 6-9　资产负债表 3　　单位：元

项目	工商银行卡期末余额	建设银行卡期末余额	合计
货币资金	0	5 000	5 000
长期股权投资	5 000	0	5 000
资产合计	5 000	5 000	10 000
实收资本	5 000	5 000	10 000
负债与所有者权益合计	5 000	5 000	10 000

仔细看后面两张资产负债表的变化，通过各项目的变动，我们发现最后的总资产合计数为 10 000 元，但现实是最终我们的资产还是只有 5 000 元，这是什么原因呢？

简单来说，工商银行卡与建设银行卡之间这种往来款项和投资款项是一种虚拟交易，我们通过合并资产负债表，将企业内部的这种虚拟的款项去掉，真实地反映企业的财务状况，而银行卡里的总资产目前只有 5 000 元，这才是真实的。

企业的资产负债表合并相对于上例中的个人资产负债表合并更复杂，因为涉及的项目和数据更多，但是一般可按照前面我们所说的，5 步合并财务报表，简单以案例说明如下。

A 公司是一家上市集团公司，旗下参股或控股 30 家公司，其中合并报表 28 家，有 3 家子公司是 2019 年新成立的，财务的相关记录如下。

①在 2019 年 1 月 1 日，公司以现金 200 万元取得了子公司 26 的 100% 股权，而子公司 26 在年初的实收资本为 150 万元，资本公积 15 万元，盈余公积 22.5 万元，未分配利润 12.5 万元。

②在 2019 年 1 月 1 日，公司以现金 150 万元取得了子公司 27 的 100% 股权，而子公司 27 在年初的实收资本为 100 万元，资本公积 10 万元，盈余公积 15 万元，未分配利润 25 万元。

③在 2019 年 1 月 1 日，公司以现金 80 万元取得了子公司 28 的 100% 股权，而子公司 28 在年初的实收资本为 50 万元，资本公积 5 万元，盈余公积 12 万元，未分配利润 13 万元。

根据如上的资料，我们将母公司与 3 家子公司的资产负债表分 5 步进行报表合并，简单介绍如下。

第一步，将母公司和子公司的资产负债表期末数过入合并的工作底稿，而母公司和子公司的单体财务报表期末数，我们不再单独进行列示。合并的工作底稿具有固定的模板，企业可根据自身的具体情况进行适当的调节。过入工作底稿的数据要真实、有效、可辨认。

根据 A 公司的相关数据，过入数据后的工作底稿如表 6–10 所示。

表 6-10 合并工作底稿

单位：元

项目	母公司	子公司 26	子公司 27	子公司 28	合计金额	调整		合并金额
						借方	贷方	
资产								
流动资产：								
货币资金	1 528 434.35	115 705.48	238 474.57	93 582.45	1 976 196.85			1 976 196.85
应收票据及应收账款	2 857 697.45	87 689.45	332 456.37	114 582.38	3 392 425.65			3 392 425.65
其他应收款	151 354.45	34 562.15	153 876.45	34 568.48	374 361.53			374 361.53
……								
流动资产合计	5 872 564.12	375 648.43	894 567.35	334 578.25	7 477 358.15			7 477 358.15
非流动资产：								
可供出售的金融资产	—	—	—	—	—			—
长期股权投资	4 300 000	—	—	—	4 300 000			4 300 000
固定资产	6 800 000	250 000	130 000	80 000	7 260 000			7 260 000
……	—	—	—	—	—			—
资产总计	18 142 443	2 544 892.43	1 844 812.35	5 287 000.25	27 819 148.03			27 819 148.03
负债								

流动负债：								
应付职工薪酬	500 000	200 000	150 000	100 000	950 000			950 000
……	—	—	—	—	—			—
非流动负债：								
长期借款	5 000 000	200 000	150 000	250 000	5 600 000			5 600 000
……	—	—	—	—	—			—
负债合计	6 017 443	544 892.43	344 812.35	4 487 000	11 394 148.03			11 394 148.03
所有者权益：								
实收资本	10 000 000	1 500 000	1 000 000	500 000	13 000 000			13 000 000
资本公积	750 000	150 000	100 000	50 000	1050 000			1 050 000
盈余公积	250 000	225 000	150 000	120 000	745 000			745 000
未分配利润	1 125 000	125 000	250 000	130 000	1 630 000			1 630 000
归属于母公司所有者权益合计	12 125 000	2 000 000	1 500 000	800 000	16 425 000			16 425 000
所有者权益合计	12 125 000	2 000 000	1 500 000	800 000	16 425 000			16 425 000
负债和所有者权益合计	18 142 443	2 544 892.43	1 844 812.35	5 287 000.25	27 819 148.03			27 819 148.03

第二步，在抵销分录表上编制相应的抵销分录，编制后的结果包括实收资本、资本公积、盈余公积和未分配利润等，具体见表 6-11。

表 6-11　抵销分录　　单位：元

序号	摘要	报表项目	借方金额	贷方金额	关联公司
1	母公司长期股权对子公司 26 所有者权益抵销	实收资本	1 500 000		母公司 & 子公司 26
2		资本公积	150 000		母公司 & 子公司 26
3		盈余公积	225 000		母公司 & 子公司 26
4		未分配利润	125 000		母公司 & 子公司 26
5		长期股权投资		2 000 000	母公司 & 子公司 26
6	母公司长期股权对子公司 27 所有者权益抵销	实收资本	1 000 000		母公司 & 子公司 27
7		资本公积	100 000		母公司 & 子公司 27
8		盈余公积	150 000		母公司 & 子公司 27
9		未分配利润	250 000		母公司 & 子公司 27
10		长期股权投资		1 500 000	母公司 & 子公司 27
11	母公司长期股权对子公司 28 所有者权益抵销	实收资本	500 000		母公司 & 子公司 28

续表 单位：元

序号	摘要	报表项目	借方金额	贷方金额	关联公司
12		资本公积	50 000		母公司 & 子公司 28
13		盈余公积	120 000		母公司 & 子公司 28
14		未分配利润	130 000		母公司 & 子公司 28
15		长期股权投资		800 000	母公司 & 子公司 28

在编制的抵销分录中，一般借贷双方的金额是相等的，如母公司对于子公司 26 的所有者权益抵销中，存在如下的会计分录。

借：实收资本 1 500 000

资本公积 150 000

盈余公积 225 000

未分配利润 125 000

贷：长期股权投资 2 000 000

第三步，对合并会计报表的各项目进行汇总，合并资产负债表需要对资产类项目、负债类项目和所有者权益类项目进行汇总，如根据表 6-11，可对所有者权益项目进行汇总，具体见表 6-12。

表 6-12 数据汇总录 单位：元

序号	摘要	报表项目	借方金额	贷方金额	关联公司
1		实收资本汇总	3 000 000		
2		资本公积汇总	300 000		
3		盈余公积汇总	495 000		
4		未分配利润汇总	505 000		
5		长期股权投资汇总		4 300 000	

第四步，把汇总完的报表项目数据分别过入合并工作底稿中，具体如表 6-10 所示，其中最后一列的“合并金额”即为合并后的资产负债表的期末数，我们只需要把该列的数据直接过入正式的资产负债表，注意在过入时一定不要漏行或者重复过入，避免数据错误。

第五步，根据工作底稿中“合并金额”一栏的数据，填列正式的合并财务报表，如表 6-13 所示。

表 6-13　合并资产负债表

合并资产负债表

2019 年 12 月 31 日

编制单位：××有限公司

单位：元 币种：人民币

项目	附注	期末余额	期初余额
资产			
流动资产：			
货币资金	1	1 976 196.85	
应收票据及应收账款	2	3 392 425.65	
其他应收款	3	374 361.53	
……	—		
流动资产合计		7 477 358.15	
非流动资产：			
可供出售的金融资产	10	—	
长期股权投资	11	4 300 000	
固定资产	12	7 260 000	
……	—	—	

续表

资产总计	—	27 819 148.03	
负债	—		
流动负债：	—		
应付职工薪酬	20	950 000	
……	—	—	
非流动负债：			
长期借款	25	5 600 000	
……	—	—	
负债合计	—	11 394 148.03	
所有者权益：			
实收资本	30	13 000 000	
资本公积	31	1 050 000	
盈余公积	32	745 000	
未分配利润	33	1 630 000	
归属于母公司所有者权益合计	35	16 425 000	
所有者权益合计	36	16 425 000	
负债和所有者权益合计	37	27 819 148.03	

到此为止，母公司与子公司的资产负债表就合并完成了。当然，为了简单直观展示以及与前面的5个步骤相呼应，合并的资产负债表就未展示上一期的数据。但上一期的数据来源也可以根据上一年度的母公司与子公司的相关数据，按照五步法得到，在这里不做重复说明。此后合并的其他报表也是同样的处理方法。

合并利润表很简单

提到利润表，我们会想到什么？是收入与净利润，还是成本与费用？大家的第一反应一般都是销售收入，而利润表的第一个项目也是从营业收入开始，所以合并利润表我们也将从收入说起。当然，收入总是和成本相对应，如销售收入和销售成本。下面来看一个例子。

你现在正在销售公司的两台机器设备，成本为 1.5 万元 / 台，如果本月以 3.2 万元 / 台的价格将这两台机器设备卖出，并且本月只卖出了这两台，那么本月的销售收入就为 6.4 万元（3.2×2），相关数据用利润表简单表示如表 6–14 所示。

表 6–14　利润表 1　　单位：元

项目	本期发生额	合计
销售收入	64 000	64 000
销售成本	30 000	30 000
毛利	34 000	34 000

这两台机器设备为公司所有，由于最近市场原因，销售困难，于是你想出了一个销售方案：一台你直接对外出售，销售价格为 3.2 万元 / 台，销售成本为 1.5 万元 / 台；一台你以 1.1 万元 / 台的价格买回家，拜托朋友代销，销售价格为 3.2 万元 / 台。如果本月你只卖出这两台机器设备，那么你本月的销售收入还是为 6.4 万元。这种情况下的相关数据用利润表简单表示如表 6–15 所示。

表 6-15　利润表 2　　　　单位：元

项目	本期发生额		合计
销售收入	43 000（32 000+11 000）	32 000	75 000
销售成本	15 000	11 000	26 000
毛利	28 000	21 000	49 000

在上表中，同样是卖出公司的两台机器设备，成本价格和销售收入军发生了变化，总计收入增加了 11 000 元（75 000−64 000），这是什么原因呢？

简单来说，就是在第二个利润表中收入的来源问题，通过自己购买再销售，销售收入 1.1 万元计入成本的操作，只是一种虚拟的交易，不是企业真正意义上的对外销售，而合并利润表要做的事，就是将企业内部的这种虚拟交易抵销，最终得到真实的销售，最终的销售收入是 6.4 万元，这才是真实的。

对于利润表的合并，我们同样可以采用五步法，简单介绍如下。

B 公司是一家上市集团公司，旗下参股或控股 12 家公司，其中合并报表 8 家，包括在 2019 年新成立的 3 家子公司，这 3 家子公司提供的辅助资料如表 6-16 所示。

表 6-16　子公司辅助资料　　　　单位：元

开票月份	销售单位	收入金额	成本	购买单位	购入金额	购入月份	核对结果
2019 年 12 月	子公司 6	100 000	60 000	子公司 3	100 000	12 月	ok
2019 年 12 月	子公司 7	150 000	110 000	子公司 4	150 000	12 月	ok
2019 年 12 月	子公司 8	80 000	50 000	子公司 5	80 000	12 月	ok

根据如上的资料，接下来我们就可以用五步法编制合并利润表。

第一步，将母公司和子公司的利润表的相关数据过入合并的工作底稿，如表 6-17 所示。

表 6-17　合并工作底稿　　单位：元

项目	母公司	子公司 6	子公司 7	子公司 8	合计金额	调整		合并金额
						借方	贷方	
一、营业收入	550 000	100 000	150 000	80 000	880 000			880 000
减：营业成本	400 000	60 000	110 000	50 000	620 000			620 000
销售费用	50 000	12 000	20 000	10 000	92 000			92 000
管理费用	120 000	20 000	60 000	30 000	230 000			230 000
研发费用	—	—	—	—				—
财务费用	10 000	5 000	3 000	2 000	20 000			20 000
……	—	—	—	—	—			—
二、营业利润	102 000	2 000	−5 600	−2 200	96 200			96 200
三、净利润	12 210.45	2 000	−5 600	−2 200	6 410.45			6 410.45

第二步，根据辅助资料编制相应的抵销分录，如表 6-18 所示。

表 6-18　抵销分录

序号	摘要	报表项目	借方金额	贷方金额	关联公司
1	子公司 6 与子公司 3 内部购销业务抵销	营业收入	100 000		子公司 6& 子公司 3
		营业成本		60 000	子公司 6& 子公司 3
2	子公司 7 与子公司 4 内部购销业务抵销	营业收入	150 000	110 000	子公司 7& 子公司 4
		营业成本			子公司 7& 子公司 4
3	子公司 8 与子公司 5 内部购销业务抵销	营业收入	80 000		子公司 8& 子公司 5
		营业成本		50 000	子公司 8& 子公司 5

第三步，根据编制的抵销分录，还需要对相关的数据进行汇总，如营业收入和营业成本的汇总，具体如表 6-19 所示。

表 6-19　数据汇总

序号	摘要	报表项目	借方金额	贷方金额	关联公司
1		营业收入汇总	330 000	—	
2		营业成本汇总	—	220 000	
3		存货汇总		0	

第四步，将汇总的数据过入表 6-17 所示的工作底稿中，我们需要注意的是，其中的最后一列的“合并金额”即为合并后的利润表的本期数，我们只需要把该列的数据直接过入正式的利润表即可，注意在过入时一定不要漏行或者重复过入，以避免数据错误。

第五步，根据工作底稿中的所有“合并金额”数据，填列正式的合并会计报表。到此为止，合并的利润表编制完成，部分总括性数据如表 6-20 所示。

表 6-20 利润表部分数据

合并利润表 2019 年 12 月 31 日 编制单位： ××× 高新技术产业股份有限公司 单位：元 币种：人民币		
项目	附注	期末余额
一、营业收入		880 000
二、营业成本		620 000
销售费用	7	92 000
三、营业利润		96 200
四、净利润		6 410.45

现金流量表就这么合并

我们知道，现金流量表和利润表息息相关。如企业通过销售商品获得销售收入 500 万元，成本为 378 万元，如果这 500 万元和 378 万元都是现金收入或者现金支出，那么这两个数字就要被列示在现金流量表中。现金流量表的本质是体现企业的现金的流入或者流出状况的一种报表。

合并企业的现金流量表，简单来说就是合并母公司与子公司的现金流的相关数据，所以在合并之前还是从企业的现金流说起。

假设你刚从工厂购买了两台按摩椅，进价均为 3.8 万元，现金支付给工厂。月中，你将该按摩椅进行出售，每台售价为 5 万元，是现金收入。上述业务如果用现金流量表表示，则如表 6-21 所示。

表 6-21　现金流量表 1

项目	本期发生额（元）	合计数（元）
销售商品、提供劳务收到的现金	100 000	100 000
购买商品、接受劳务支付的现金	76 000	76 000
现金净增加额	24 000	24 000

假设其中一台按摩椅对外销售，同样销售收入为 5 万元，而另一台妻子以 3.8 万元从你这里拿货，最后再以 5 万元卖给了客户，那么此时现金流量表有何不同呢？见表 6-22。

表 6-22　现金流量表 2

项目	本期发生额（元）		合计数（元）
销售商品、提供劳务收到的现金	88 000	50 000	138 000
购买商品、接受劳务支付的现金	76 000	38 000	114 000
现金净增加额	12 000	12 000	24 000

在上例中，都是销售了两台按摩椅，销售单价和成本都是一样的，总计的现金增加额也是一样的，但是为什么现金流入和现金流出是不同的呢？

在第二种销售情形中，不管是你对外销售 5 万元，还是妻子对外销售 5 万元，都作为家庭的现金收入，但是在销售过程中，妻子以成本 3.8 万元从你这里拿货，你就成了妻子的供应商，这使你的销售收入增加 3.8 万元，相当于两台按摩椅你已经卖出去了，所以你销售收入的本期发生额是 8.8 万元，两台的成本依然为 7.6 万元。

妻子的销售成本就是从你这里拿货的价格，为 3.8 万元，收入为 5 万元，但对于家庭来说，无论是你的收入还是妻子的收入，都是家庭收入，都可计入相应的家庭现金流量表，本期发生额就将你和妻子的收支单独列示并汇总。

但是你和妻子之间的销售和采购只是一种虚拟交易，而我们合并现金流量表时，就是把企业内部的这种虚拟的内部资金变动给抵销掉，从而计算出实际的现金流入和流出。

如例中，通过销售两台按摩椅，实际的现金净增加额为 2.4 万元，其中 7.6 万元现金支付进货款是现金流出额，销售收入 10 万元是现金流入额，总的来说，本期现金流入大于现金流出。

对于现金流量表的合并，我们同样可以采用五步法，简单介绍如下。

C 公司是一家互联网集团公司，旗下参股或控股 30 家公司，其中合并报表 22 家，包括 2019 年新成立的 3 家子公司。这 3 家子公司提供的辅助资料如表 6-23 所示。

表 6-23　子公司辅助资料　　单位：元

项目	子公司 20	子公司 21	子公司 22
销售商品、提供劳务收到的现金	550 000	420 000	350 000
收到的其他与经营活动有关的现金	100 000	150 000	80 000
购买商品接受劳务支付的现金	350 000	220 000	150 000
取得投资收益收到的现金	5 000	4 000	3 000
收到其他与投资活动相关的现金	2 000	1 000	500
投资支付的现金	–	–	–
支付的其他与投资活动相关的现金	2 000	3 000	1 000
吸收投资收到的现金	500 000	350 000	250 000
分配股利、利润和偿付利息支付的现金	–	–	–
支付的其他与筹资活动相关的现金	5 000	3 000	1 200

根据如上的子公司提供的辅助资料，如果采用五步法合并现金流量表，那么接下来第一步我们需要将相应的数据过入工作底稿，如表 6-24 所示。

表 6-24　合并工作底稿

单位：元

项目	母公司	子公司 20	子公司 21	子公司 22	合计金额	调整		合并金额
						借方	贷方	
一、经营活动产生的现金流量：								
销售商品、提供劳务收到的现金	4 500 000	550 000	420 000	350 000	5 820 000			5 820 000
收到的其他与经营活动有关的现金	300 000	100 000	150 000	80 000	630 000			630 000
经营活动现金流入小计	4 800 000	650 000	570 000	430 000	6 450 000			6 450 000
经营活动现金流出小计	3 750 000	350 000	220 000	150 000	4 470 000			4 470 000
经营活动现金流量净额	1 050 000	300 000	350 000	280 000	1 980 000			1 980 000
二、投资活动产生的现金流量：								
取得投资收益收到的现金	100 000	5 000	4 000	3 000	112 000			112 000
收到其他与投资活动有关的现金	50 000	2 000	1 000	500	53 500			53 500
投资活动现金流入小计	150 000	7 000	5 000	3 500	165 500			165 500

投资活动现金流出小计	1 100 000	2 000	3 000	1 000	1 106 000			1 106 000
投资活动现金流量净额	−950 000	5 000	2 000	2 500	−940 500			−940 500
三、筹资活动产生的现金流量：								
筹资活动现金流入小计	2 000 000	500 000	350 000	250 000	3 100 000			3 100 000
筹资活动现金流出小计	50 000	5 000	3 000	1 200	59 200			59 200
筹资活动现金流量净额	1 950 000	495 000	347 000	248 800	3 040 800			3 040 800
四、汇率变动对现金及现金等价物影响								
五、现金及现金等价物净增加额	2 050 000	800 000	699 000	531 300	4 080 300			4 080 300
六、期末现金及现金等价物余额	2 050 000	800 000	699 000	531 300	4 080 300			4 080 300

第二步，根据辅助资料以及工作底稿中的相关数据，在抵销分录表中编制相应的抵销分录，如表 6-25 所示。

表 6-25　抵销分录　　单位：元

序号	摘要	报表项目	借方金额	贷方金额	关联公司
1	母公司与子公司 20 抵销	投资支付的现金	500 000		母公司 & 子公司 20
		吸收投资收到的现金		500 000	母公司 & 子公司 20
2	母公司与子公司 21 抵销	投资支付的现金	350 000		母公司 & 子公司 21
		吸收投资收到的现金		350 000	母公司 & 子公司 21
3	母公司与子公司 22 抵销	投资支付的现金	250 000		母公司 & 子公司 22
		吸收投资收到的现金		250 000	母公司 & 子公司 22

第三步，根据编制的抵销分录，还需要对相关的数据进行汇总，如投资支付和吸收投资的现金汇总，具体如表 6-26 所示。

表 6-26　数据汇总　　单位：元

序号	摘要	报表项目	借方金额	贷方金额	关联公司
1		投资支付现金汇总	1 100 000	—	
2		吸收投资收到的现金汇总	—	1 100 000	

第四步，将汇总的数据过入表 6-24 所示的工作底稿中，我们需要注意的是，其中最后一列的“合并金额”即为合并后的现金流量表的本期数，我们只需要把该列的数据直接过入正式的现金流量表即可，注意在过入时一定不要漏行或者重复过入，以避免数据错误。

第五步，根据工作底稿中的所有“合并金额”数据，填列正式的合并财务报表。到此为止，合并的现金流量表编制完成，各项小计和净额等概括性数据如表 6-27 所示。

表 6-27 合并现金流量表

2019 年度合并及公司现金流量表 编制单位：××× 科技有限公司 单位：元 币种：人民币		
项目	附注	本期发生额
一、经营活动产生的现金流量：		
销售商品、提供劳务收到的现金		5 820 000
经营活动现金流入小计		6 450 000
经营活动现金流出小计		4 470 000
经营活动现金流量净额		1 980 000
二、投资活动产生的现金流量：		
取得投资收益收到的现金		112 000
投资活动现金流入小计		165 500
投资活动现金流出小计		1 106 000
投资活动现金流量净额		−940 500
三、筹资活动产生的现金流量：		
筹资活动现金流入小计		3 100 000
筹资活动现金流出小计		59 200
筹资活动现金流量净额		3 040 800
四、汇率变动对现金及现金等价物影响		
五、现金及现金等价物净增加额		4 080 300
六、期末现金及现金等价物余额		4 080 300

少数股东权益怎么破

少数股东权益又简称为少数股权，在计算之前我们先来思考一个问题，少数股东权益和所有者权益有什么差别？

李先生所在的A公司是一家食品上市集团，其中参股或者控股19家公司，合并报表17家。在子公司15中，A公司投资19.68亿元，控股80%，其余子公司都100%控股；剩余两家联营企业，参股比例分别为79.2%和50%。

在上例中A公司就可以称之为母公司，而对于子公司15中剩余的20%的股东享有的权益就是少数股东权益。所有者权益包括母公司所有者权益和少数股东权益。

在计算少数股东权益时，我们首先需要理解什么是少数股权。一般对于子公司来说，母公司拥有其股权都在51%以上，当母公司拥有不足100%的股权时，其持有子公司的股权称之为多数股权，而剩余的被其他投资者拥有的股权就是少数股权，拥有这少数股权的所有者享有的权益就是少数股东权益。

在生活中，如F公司为B公司的子公司，F公司的股票上市后，张先生购买了5%的股份，那么张先生就是这少数股东之一，他就享有F公司的少数股东权益，也就享有F公司的股利或者分红。

少数股东权益一般出现在合并报表中，如合并所有者权益变动表，很明显地体现了母公司所有者权益和少数股东权益，具体如表6-28所示。

表 6-28　合并所有者权益变动表

合并所有者权益变动表

2019 年 12 月 31 日

编制单位：　×××食品有限公司

单位：元　币种：人民币

项目	本期金额						
	归属于母公司所有者权益						
	股本	资本公积	盈余公积	其他综合收益	未分配利润	少数股东权益	所有者权益合计
一、上年期末余额	454 530 468	758 580 445.12	117 408 626.83	71 896 920.22	1 000 669 167.51	510 629 551.84	2 913 715 179.52

在上述的合并所有者权益变动表中，所有者权益的本期金额就包括归属于母公司的所有者权益合计为 2 403 085 627.68 元，而少数股东权益为 510 629 551.84 元，所有者权益合计就为 2 913 715 179.52 元。

对于所有者权益变动表的合并，和前面的资产负债表、利润表及现金流量表一样，同样可以采取五步法，所以这里不再做重复说明。主要变动项目在于新增“少数股东权益”。

少数股东权益一般存在公式：期末少数股东权益 = 期初少数股东权益 +（当期子公司的净利润 − 当期分配的现金股利）× 少数股东持股比例，所以少数股东权益的计算与子公司当期的净利润、现金股利及股东持股比例息息相关。

如李先生作为 C 公司的少数股东之一，持股比例为 3%，期初少数股东权益为 7 736 元，当期 C 公司实现净利润 14.58 万元，当期获得现金红包 5 000 元，那么李先生享有的少数股东权益根据相应的公式计算得出：当期少数股东权益 =7 736+（145 800−5 000）×3%=11 960（元）。但这只代表李先生一个少数股东的所有者权益，并不能代表合并报表中股东权益之和，报表中的数据应该是所有少数股东享有的所有者权益的汇总。另外，还可以通过所有者权益合计减去母公司所有者权益得到所有少数股东权益之和。

辅助资料哪里来

我们写作或者撰写公文都需要一定的素材，而在合并财务报表时，同样需要相应的“素材”，这些“素材”我们可以统一理解为辅助资料。

A 公司是一家上市集团公司，旗下参股或控股 15 家公司，其中合并报表 12 家，包括 2019 年新成立的 3 家子公司，相关的备查账如下。

A 公司将 3 家子公司的投资成本、持股比例、实收资本、资本公积和盈余公积等信息登记在相关的长期股权投资备查账下，具体如表 6-29 所示。子公司内部存货以及子公司之间的销售情况登记如表 6-30 所示。

表 6-29　长期股权投资备查账　　单位：元

被投资方	投资日期	投资成本	持股比例	是否并表	实收资本	资本公积	盈余公积	未分配利润	所有者权益合计	商誉	本期投资收益
子公司 10	2019-1-1	2 000 000	100%	是	1 500 000	150 000	225 000	125 000	2 000 000		
子公司 11	2019-3-1	1 500 000	100%	是	1 000 000	100 000	150 000	250 000	1 500 000		
子公司 12	2019-5-1	800 000	100%	是	500 000	50 000	120 000	130 000	800 000		

表 6-30　存货备查账　　单位：元

存货名称	规格型号	开票月份	销售单位	收入金额	生产成本	购买单位	购买金额	入账月份	累计收入	减值损失
原料系列	01	12	子公司 10	61 002 600	27 439 400	子公司 11	61 002 600	12	61 002 600	–
原料系列	02	12	子公司 10	50 211 400	21 451 600	子公司 12	50 211 400	12	50 211 400	–
制剂系列	03	12	子公司 11	32 199 800	20 827 000	子公司 12	32 199 800	12	32 199 800	–

在上例中，前一种是母公司的备查账，后一种是子公司的备查账，根据核对无误的备查账和指定的格式填写相应的合并辅助资料，然后将相应的辅助资料进行汇总，如表 6-31 所示。

表 6-31　子公司辅助资料汇总

开票日期	销售单位	收入金额	成本	购买单位	购入金额	购入月份	核对结果
2019-12-15	子公司 10	61 002 600	27 439 400	子公司 11	61 002 600	12	ok
2019-12-15	子公司 10	50 211 400	21 451 600	子公司 12	50 211 400	12	ok
2019-12-15	子公司 11	32 199 800	20 827 000	子公司 12	32 199 800	12	ok

特殊业务特别处理

在销售人员的一生中会面对形形色色的客户，一般客户都在情理之中，但总会遇到那么几个特殊的客户在意料之外，是远离还是走近？

这些客户可能是基础小客户，也可能是成就你的大客户，如何处理？这需要通关技能。

合并报表是同样的道理，在合并中，除了一些常规业务的处理，还有那么一些特殊的业务，总会格外考验财务人员的专业技能。

【例 1】

母公司 A 有一辆使用过的商务轿车，原价 68 万元，折旧年限 5 年，剩

余折旧年限为 4 年，预计残值率为 10%，已计提累计折旧 153 000 元。2019 年 5 月 1 日以账面的净值销售给了子公司 5，销售价格为 527 000 元，在此次交易中不存在其他的费用。

此时，母公司 A 一般会做如下的会计分录。

借：其他应收款——子公司 5　　527 000

　　累计折旧　　153 000

　　贷：固定资产　　680 000

同时，子公司 5 也会做出如下的会计分录。

借：固定资产　　680 000

　　贷：其他应付款——母公司　　527 000

　　　　累计折旧　　153 000

【例 2】

母公司 B 从外部购入一项专利，价值 80 万元，假设在 2019 年 1 月 1 日，母公司将该项专利权让渡给子公司 6 使用，子公司 6 需要每年支付给母公司 5 万元，并且子公司 6 根据无形资产的用途将其计入管理费用。

当母公司让渡该项专利权时，母公司 B 一般会做如下的会计分录。

借：其他应收款——子公司 6　　50 000

　　贷：其他业务收入　　50 000

同时，子公司 6 也会做出如下的会计分录。

借：管理费用　　50 000

　　贷：其他应付款　　50 000

例 1 和例 2 都是合并报表时特殊的业务处理之一，例 1 重点在母公司与子公司关于固定资产的业务联系与处理；例 2 的重点在企业的无形资产的处理，母公司出租，子公司付费承租。

在合并报表时，例 1 重在“其他应收款”和“其他应付款”的内部债权债务的相互抵销，该固定资产只是实现了地点转移，未实现内部销售利润或亏损，再无其他的抵销。

不同于例 1 的其他应收款项的抵销，例 2 中其他业务收入和管理费用项目代表一种虚拟的交易，也要进行抵销处理。

第 7 章

财务小常识，不得不说二三事

对于很多人来说，财务报表是让人头疼的，特别是上市企业的财务报表，数据大、科目多，内容还复杂。

换一个角度，如果我们将阅读财务报表看作一次冒险，层层面纱揭开后，可能有大惊喜等着你，当然可能也有惊吓。在冒险中，一些小工具是很有必要的，比如干粮，或者称之为干货。在本章，我们统一归结为财务小常识。对于这些小常识，每一个都有一段属于它自身的独特过往，或者已经远去但仍影响着后来的小故事……

存货：持有多还是少

假如你有一家店，主要卖奶茶和土豆，那么你认为，下面的哪些项目可以计入你家店面的存货？

A. 奶茶粉

B. 土豆条

C. 土豆盒

D. 油炸机

先记住你选择的答案。现在我们换个角度。下面的哪些项目可以计入公司存货？

A. 产成品

B. 半成品

C. 包装物

D. 机器设备

如果仔细思考我们会发现，对于个人来说，除了油炸机外，其余几项都可以计入存货；而对于企业来说，除了机器设备，其余几项也都计入公司存货。

可能有人会困惑，不管是个人还是企业，似乎看起来每一项都像是企业的存货，与企业的产品生产息息相关。

实际上，企业对存货具有一定的划分标准，具体如何划分呢？看下面一

个小例子。

李雪在工作几年后回到家乡县城，在家附近开了一家奶茶小店，小店面积 30m^2，其中装修费 1.5 万元，设备费 1.5 万元，原材料 1 万元，开业宣传费 5 000 元，店面租金 3 000 元，请了两名员工，每月每人工资 3 000 元，每月水电费 800 元，扣除开店的一切费用后，李雪银行卡里剩余存款 10 万元。

开业后，奶茶的单价在 6 ~ 12 元，其中每天销售 8 元的奶茶居多。正常情况下，每天可以卖出 300 杯左右。在开业之初，每日销售收入在 3 000 元左右，每日奶茶成本在 1 000 元左右。3 个月后，每日收入稳定在 2 500 元左右。

在上例中，如果李雪做了一份店面的资产负债表，那么其中的原材料费 1 万元计入报表中的存货项目，而设备费用 1.5 万元计入固定资产。

我们要注意存货和固定资产的区别，简单介绍如表 7-1 所示。

表 7-1　存货与固定资产的区别

项目	存货	固定资产
定义	一般是指企业在生产经营中，为销售或耗用而储备的各种资产，包括商品、产成品、半成品、在产品以及各种材料、燃料、包装物和低值易耗品等	企业为生产产品、提供劳务、出租或者经营管理而持有的，使用时间超过 12 个月，可计量的非货币性资产，包括机器、机械、运输工具以及其他与生产经营活动有关的房产、设备或工具
单价	存货单价相对较低，数量较多	单价相对较高，数量较少
计价	一般用成本与可变现净值孰低法	一般用账面价值或者公允价值来计量
使用年限	企业一般不使用自身的存货	固定资产使用期限较长
持有目的	对于企业来说，持有存货的主要目的是出售并获得销售收入	持有固定资产的主要目的是维持企业的长期经营管理

但对于企业来说，存货和固定资产都属于企业的资产，两者都可以用货币计量。随着持有时间推移，存货需要计提跌价，而固定资产需要计提折旧。

在商业类的公司中，存货一般是购入后计划转售的商品；在工业企业中，存货一般包括原材料、在产品和产成品等。

作为资产的存货是需要核算的，核算其价值、成本和跌价等。那么对于企业来说，存货是否越多越好呢？

存货作为流动资产的重要组成部分，一般可以占据 50% ~ 80%，具有一定的变现能力。

对于一家企业来说，如果存货过多，对企业资金的流动和利润的获取都具有一定的影响；如果企业的存货过少，在一定程度上将影响企业的销售，如市场形势良好却出现产品供不应求，产品数量跟不上订单数量，从而降低企业的销售收入。

所以，一般企业都会进行相应的存货管理，制定相应的存货量，保持适当的存货周转率。存货周转率在前面章节有提过，对于企业来说，存货周转率越高，表明企业存货的变现能力越强，存货及占用在存货上的资金周转速度越快。

如李雪的奶茶店，如果每天卖出的奶茶（存货）越多，周转率越高，说明不仅销售收入越高，通过销售奶茶使现金的变现能力也越强，现金回收也越快。

如正常情况每天能卖出 300 杯，按照最低单价 6 元计算，一年以 360 天计算就能销售 64.8 万元；在旺季或者市场扩展下，如果每天能卖出 350 杯，一年也以 360 天计算就能销售 75.6 万元，销售收入相比正常情况提高了 10.8 万元，在成本不变的前提下，说明存货周转率越高，变现能力也越强了。

但是库存的奶茶也不是越多越好，越多就越容易堆积在仓库，而且由于保鲜期的限制，对奶茶的销售是不利的；但是如果奶茶的库存越少，如每天正常能卖出300杯，但库存只有200杯的量，那么就意味着每天要少销售100杯的奶茶收入。所以对于存货的持有，数量适当最重要，一般是流动资产总额的50% ~ 80%。

所得税：怎么计算才合适

到了年底，员工们都希望年终奖越多越好，但是行业内流行这么一句话：年终奖多一元，个税多千元。

这句话有没有道理呢？我们来看一个案例。

李先生和刘先生同在A企业工作，不过在不同的部门，在12月的税后收入都为8 000元的情况下，当年两人的年终奖分别为3万元和5万元。

根据相关规定，居民个人取得全年一次性奖金，符合《国家税务总局关于调整个人取得全年一次性奖金等计算征收个人所得税方法问题的通知》(国税发〔2005〕9号)规定的，根据相关税务规定，在2021年12月31日前，不并入当年综合所得，以全年一次性奖金收入除以12个月得到的数额，按照本通知所附按月换算后的综合所得税率表，确定适用税率和速算扣除数，单独纳税。

在上例中，根据年终奖的不同，如何说明“奖金多一元，税收多千元”呢？具体见表7-2。

表 7-2　多一元的年终奖所得税计算

年终奖	除 12 商数	适用税率	速算扣除数	应纳税额	多发奖金	增加税额
30 000	2 500	3%	0	900		
36 000	3 000	3%	0	1 080		
36 001	3 000.08	10%	210	3 390.1	1	2 310.1

在上例中，年终奖多一元，个人所得税应纳税额就多 2 310.1 元。对于个人来说，一般除了个人工资需缴纳个人所得税，年终奖也需要缴纳相应的税费，年终奖所得税适用公式：应纳税额 = 雇员当月取得全年一次性奖金 × 适用税率 − 速算扣除数。当然如果当月雇员的工资不足 5 000 元，需要将公式做相应的调整。在计算时，可以参考相应的综合所得税税率表，如表 7-3 所示。

表 7-3　年终奖按月换算后的综合所得税税率表

级数	全月应纳税所得额	适用税率	速算扣除数
1	不超过 3 000 元的	3%	0
2	超过 3 000 元至 12 000 元的部分	10%	210
3	超过 12 000 元至 25 000 元的部分	20%	1 410
4	超过 25 000 元至 35 000 元的部分	25%	2 660
5	超过 35 000 元至 55 000 元的部分	30%	4 410
6	超过 55 000 元至 80 000 元的部分	35%	7 160
7	超过 80 000 元的部分	45%	15 160

根据上表，李先生年终奖为 3 万元时，根据公式计算得出需要缴税 900 元（30 000×3%），刘先生年终奖为 5 万元时，需要缴税 4 790 元（50 000×10%−210）。

对于企业来说，同样需要缴纳相应的税费，不过计算方法有所不同。

张先生毕业后一直在 B 公司做程序员，税前收入 8 000 元，社保和公积金每月扣除 800 元，每月房屋按揭还款 2 815 元，生活消费 3 000 元，赡养父母每月 2 000 元。每年缴纳商业保险 5 715 元。

最近老板很高兴，还给员工们发了小红包，原因是 B 公司属于互联网中的小型企业，在 2019 年的第四季度，企业应纳税所得额为 40 万元，如果按照原来的计税标准，企业需要缴纳所得税：40 × 25%=10（万元）。而现在按照相关政策规定，如果企业符合我国小型微利企业标准，根据政策规定可以将其所得减按 50% 计入应纳税所得额，并且按照 20% 的税率征收所得税，那么该季度公司只需要缴纳企业所得税：40 × 50% × 20%=4（万元），企业节省了 6 万元。

对于我国的企业所得税，计算公式为：应交企业所得税 = 应纳税所得额 × 25%。不过根据相关的政策调整后，不同的行业以及政策扶持，税率计算具有相应的变化，如表 7-4 所示。

表 7-4　不同行业的企业所得税税率表

级数	企业所得税税率	适用税率
1	企业所得税税率	25%
2	符合条件的小型微利企业（应纳税所得额减 50%）	20%
3	国家重点扶持的高新技术企业	15%
4	技术先进型服务企业（中国服务外包示范企业）	15%
5	国家规划局内的重点软件企业和集成电路设计企业	10%

根据相应的企业所得税条例规定，企业应纳税所得额 = 企业的总收入 − 成本 − 费用 − 损失 − 准予扣除项目金额，如果在计算企业应纳税所得额时，纳税人的财务会计处理和税收规定不一致的，应按照税收规定予以调整。

会计分录：有借必有贷

不知道你有没有听过这样一句话：有借必有贷，借贷必相等。这句话是什么意思呢？是借款和贷款，还是借方和贷方？

这句话主要用在会计分录上，会计分录也简称为分录，是企业根据复式记账原理，对企业发生的每一笔经济业务列出相对应的双方账户及其金额的一种记录载体。看下面一个例子。

谭先生是一家科技公司的销售经理，公司向每位员工都发了自产的手机作为员工福利。该手机的成本价为 600 元，含税出厂价为 1 356 元，增值税税额为 156 元。对于该手机，公司做了如下的账务处理。

①确认为员工福利时，账务处理如下。

借：管理费用　　1 356

　　贷：应付职工薪酬——非货币性福利　　1 356

② 确认为销售收入时，账务处理如下。

借：应付职工薪酬——非货币性福利　　1 356

　　贷：主营业务收入　　1 200

　　　　应交税费——应交增值税（销项税额）　　156

③结转产品成本时，账务处理如下。

借：主营业务成本　　600

　　贷：库存商品　　600

一般根据会计分录涉及账户的多少，可以分为简单分录和复合分录。简

单分录是指只涉及两个账户的会计分录，即一借一贷的会计分录；复合分录是指涉及两个以上账户的会计分录，如上述案例中的手机确认为销售收入时所编写的会计分录。

会计分录是一种最基础也是最简单的业务处理，编写时需要遵循相应的规则：先借后贷，借贷分行，借方在上，贷方在下；贷方记账符号、账户和金额都要比借方退后一格，以此表明借方在左，贷方在右。

对于初学者来说，会计分录的编制一般可以按照如下步骤进行。

假如今天去柜台从银行卡里提取了 800 元的现金，那么该怎么进行账务处理呢？

首先，我们要分析提现这项业务都有哪些账户发生了变化，在这里是库存现金和银行存款两个账户。

其次，我们要分析这两个账户的性质，即属于什么会计要素，这里两个账户都属于资产类账户。

再次，确定账户的增减变动，如这里的银行存款账户减少了 800 元，库存现金的账户增加了 800 元。

然后，根据账户性质和增减变动规律，确定分别计入账户的借方还是贷方，在这里库存现金账户为借方，银行存款账户为贷方。

最后，根据会计分录的格式要求，编制相应的会计分录如下。

借：库存现金　　800

　　贷：银行存款　　800

对于如上的会计分录，一般在实际工作中很少单独出现，一般都会按照一定的格式登记在记账凭证中，如图 7-1 所示。

记　账　凭　证

摘　要	总账科目	明细科目	借方（千百十万千百十元角分）	记账符号	贷方（千百十万千百十元角分）	记账符号
提现	库存现金		80000			
	银行存款	工商银行			8000	
结算方式及票号：		合计金额	¥80000		¥8000	

附单据 1 张

会计主管：　记账：　稽核：　出纳：　制单：

图 7-1

如上图所示，记账凭证和会计分录是不同的。会计分录只是对记账凭证中的应借应贷科目及其金额进行简单说明，是记账凭证的最简化形式。

累计折旧：非减值准备

我们用 1 万元购买的电脑，在使用两三年以后如果再出售，可能只能卖得四五千元。现在有个问题，如果 1 万元的电脑在使用 3 年后以 4 300 元卖出，那么其中的 5 700 元到哪里去了？

一般可能会理解为电脑贬值了，但从财务上来说就是计提了累计折旧。固定资产在使用的过程中需要计提相应的累计折旧。

对于企业来说，固定资产在使用过程中一般会发生消耗和磨损，随之而来的价值也会逐渐减少，而这种减少就是固定资产折旧。通过相应的财务核算，将折旧多少进行计算并累积起来就是累计折旧，在资产负债表中开设了相应的“累计折旧”会计科目。

但固定资产的累计折旧和固定资产的减值准备是具有区别的。

【例 1】

刘先生所在的公司是一家大型食品企业，旗下拥有自己的加工工厂，而在工厂内部，有 20 台大型的机器设备。企业根据相应的折旧方法，对这些设备进行了折旧计算，累计折旧 50 万元，将相应的折旧分摊到了相应的车间和厂区办公室。

刘先生看到，在记账凭证上进行了如下的折旧处理。

借：制造费用——一车间　　100 000

　　　　　　——二车间　　160 000

　　　　　　——三车间　　200 000

　　管理费用　　40 000

　　贷：累计折旧　　500 000

【例 2】

李先生公司的化妆品都是自主研发，并有自己的产品生产线，而每条生产线都使用了大型的机器设备，他对 A 设备充满了好奇心，于是对该类设备进行了考察和研究。经了解，每台 A 设备的账面价值为 150 万元，而现在根据市场的变化，每台可收回的金额为 135 万元，他看到公司的财务人员对 A 设备的变化做了如下记录。

借：资产减值损失——计提固定资产减值准备　　150 000

　　贷：固定资产减值准备　　150 000

由上面两例我们可以看出，固定资产的累计折旧和固定资产减值准备具有明显的差别，两者不可混为一谈，具体见表 7-5。

表 7-5　累计折旧与减值准备的区别

项目	固定资产累计折旧	固定资产减值准备
核算时间	一般按月计提，并计入相关的成本或者费用	一般在年末或者报告期内，根据实际的情况进行核算

续表

项目	固定资产累计折旧	固定资产减值准备
计提方法	企业计提折旧的方法有多种，一般包括年限平均法、工作量法、年数总和法和双倍余额递减法等，不同的折旧方法，计提的折旧额不同	固定资产减值准备的计算没有累计折旧的方法多，一般都是通过期末固定资产的可收回金额与账面价值的差额分析比较所得
计提基数	应计折旧额 = 固定资产的原价 - 预计净残值；已计提减值准备的固定资产，应计折旧额 = 固定资产的原价 - 预计净残值 - 固定资产减值准备累计金额	一般当资产的可收回金额低于其账面价值的，企业应当将资产的账面价值与可收回金额之间的差额确认为资产减值损失，计入当期损益，同时计提相应的资产减值准备

无论是累计折旧还是减值准备，都属于对固定资产价值变化的一种核算，是“固定资产”会计科目的备抵科目。

累计折旧的根本是在企业增加固定资产时，按照一定的计提方法每年或每月计提折旧额。而减值准备只有在一定的情况下才会计提，如有相关的事项或证据表明固定资产因为发生损坏、技术陈旧或者其他经济原因，导致其可收回金额低于其账面价值，此时才需要计提相应的减值准备。

无论是固定资产累计折旧，还是固定资产减值准备，一般都会体现在资产负债表中。

预付账款：资产还是负债

首先，我们来做一个简单的单选题，下面哪一项不是负债？

A. 预付账款

B. 预收账款

C. 短期借款

D. 应付职工薪酬

正确答案为 A，会不会有人困惑？明明 A 更像负债，和应付也对应，而事实刚好相反，除了 A 为资产，其他均为负债。

为什么？看下面一个案例。

李先生今年 30 岁，在一家民营企业上班，扣掉社保公积金后，每月税后收入 5 165 元，有一套按揭房，每月需还款 2 315 元，每月生活消费 2 000 元，现有存款 10 万元，住房公积金 10 万元，股票投资现值 12 万元。最近他打算给父母订购一台 7 500 元按摩椅，向 F 公司预付定金 1 500 元；周末聚会时朋友生病，又给朋友垫付医药费 5 000 元。

在上例中，李先生预付的按摩椅定金 1 500 元，就可以理解为预付账款，是其资产的一部分；而为朋友垫付的医药费 5 000 元不计入预付账款，应计入其他应收款，都是资产的一部分，而非他的负债。

预付账款一般是企业根据购货合同的约定，预先支付给卖货方的款项，对于企业来说，预付账款是一项流动资产，按照实付的金额入账，如预付材料款、采购款和预购定金等，那么预付账款是怎么处理的呢？

以上例中李先生购买按摩椅为例，总价 7 500 元，定金 1 500 元。

①当李先生支付定金时，账务处理如下。

借：预付账款　　　　　　1 500

　　贷：银行存款　　　　　　1 500

②当李先生收到按摩椅时，账务处理如下。

借：库存商品　　　　7 500

　　贷：预付账款　　　　7 500

③当李先生支付剩余款项时，账务处理如下。

借：预付账款　　　　6 000

　　贷：银行存款　　　　6 000

简单来说，预付账款是不需要计提相应的坏账准备的，简单理解预付账款就是暂存于别人家的钱，在和对方的商品交易发生之前，钱还是自己的。

在理解预付账款时，要和预收账款相区别。假设你所在的公司有一批商品，价值 10 万元，A 公司预采购这批货，对方支付定金 1 万元，约定一周内发货，收到货款的 3 天内，A 公司补全货款，那么对于你所在的公司来说，这 1 万元就是预收账款，计入负债。

假设你是公司的采购员，预向 B 公司采购一批原材料，总价 20 万元，由于市场因素影响，需向对方公司支付定金 3 万元，并约定在收到定金后的 3 天内发货，然后公司收到原材料的 3 天内向对方公司补全剩余货款。那么，对于你所在的公司来说，支付的定金 3 万元就是预付账款。对于预收账款的账务处理，同样以李先生的按摩椅为例。

①当 F 公司收到李先生的定金时，账务处理如下。

借：银行存款　　　　1 500

　　贷：预收账款——李先生　　　　1 500

②当李先生支付剩余款项时，F 公司确认为销售收入，账务处理如下。

不含税价格 =7 500/（1+13%）=6 637.17（元）

增值税销项税额 =7 500−6 637.17=862.83（元）

借：预收账款——李先生　　　　　　　　1 500

　　银行存款　　　　　　　　　　　　6 000

　　贷：主营业务收入　　　　　　　　　　6 637.17

　　　　应交税费——应交增值税（销项税额）　862.83

由上可知，预付账款和预收账款是相对应的，同一笔金额，如果己方确认为预付账款，对方公司就确认为预收账款。预付账款的本质是资产而非负债，这是我们在阅读财务报表时需要注意的一件事。

发票常识：那些存在的小秘密

发票报销是上班族都会遇到的问题，你有没有过因为没有发票或者发票不合规而被财务人员拒绝报销的经历呢？

是不是每一张发票都能报销呢？你认为下面两例中，谁能成功报销？

【例 1】

周先生是一家农业科技公司的销售经理，公司主营一些农业物联网系统及设备。他的工作需要经常出差到一些偏远的地方，所以很多时候出差期间的饮、食、住、行是不能完全获取发票的。这次月底回到公司，他将这一个月外出的一些费用进行报销，其中有 1 000 元支出只有小票或者手机支付证明。

财务人员李某告知，他需要凑到 1 000 元的发票才行，否则不能报销。妻子给了他一张购买护肤品的发票，但上面只有金额 925 元，还有一张近期购买的大衣发票 1 500 元，这些发票都不符合报销标准，最后他向财务人员提供了上个月的加油票 1 200 元。

【例 2】

刘女士毕业后一直从事行政方面工作，最近她所在的公司拿下一个大项目，老板很高兴，让她选定一个地方，让同事们聚餐庆祝。聚餐完结账时，刘女士让对方餐馆开出发票，大致浏览一下觉得没有问题，第二天将该发票带回了公司交给了财务报销。

但是财务人员却拒绝报销，并告诉她该发票的抬头写错了，让她去找餐馆重新再开出一张。但到餐馆时，收银人员已经换班并拒绝重开，只是在写错的地方用中性笔改正，并在改正的地方重新加盖了发票章。

周先生用加油票来报销差额发票，一般在很多企业中是可行的，而对于刘女士的改正后加盖发票章的发票，要看当地税务局的具体规定，有的地方认可，有的地方不认可。

另外在企业中，可能存在很多没有发票的费用，财务人员都登记在“其他应收款”会计科目中，对此，财务人员一般会要求借款人或者报销人尽量找到发票报销，否则就需要计提相应的坏账准备。但是很多财务人员可能会自己找一些发票去平账，正规操作下一般不建议这样做。

从上面两个例子我们可知，要想报销，发票合规、可用很重要。那么当我们拿到一张发票时，如何看它是否能报销呢？一般可重点检查如下几方面。

◆ 发票上是否填写了公司的纳税人识别号。
◆ 税率是否正确。
◆ 发票内容是否相符，其中商品为大类的办公用品、食品等的发票不可用。
◆ 发票盖章是否规范。
◆ 发票清单是否为税控系统开具的，并盖有相应的公章，如培训会议清单必须由酒店系统或销售系统开具，并加盖发票专用章。

以某公司收到的增值税发票为例，图 7-2 所示的就是一张合规的发票，其中发票名称和纳税人识别号一定不能出错，一般由接受发票的公司提供给开票公司，而对于发票内容由开票公司填写，其中税率很重要，最后发票公章一定要符合规范，如图展示的发票右下角的发票公章。

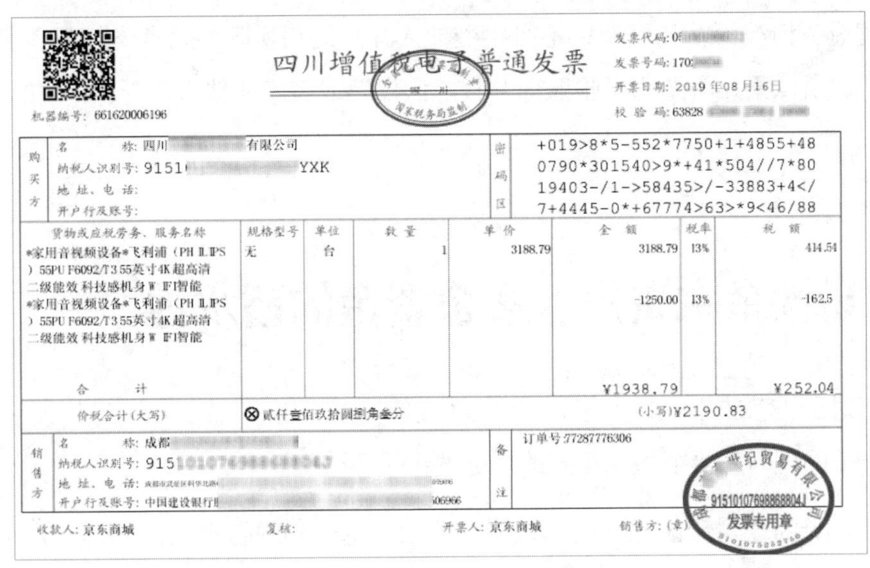

四川增值税电子普通发票

机器编号：661620006196

发票代码：05

发票号码：170

开票日期：2019 年08 月16日

校验码：63828

购买方 名称：四川　　有限公司
纳税人识别号：9151　　YXK
地址、电话：
开户行及账号：

密码区
+019>8*5-552*7750+1+4855+48
0790*301540>9*+41*504//7*80
19403-/1->58435>/-33883+4</
7+4445-0*+67774>63>*9<46/88

货物或应税劳务、服务名称	规格型号	单位	数量	单价	金额	税率	税额
*家用音视频设备*飞利浦（PHILIPS）55PU F6092/T3 55英寸4K超高清二级能效科技感机身WIFI智能	无	台	1	3188.79	3188.79	13%	414.54
*家用音视频设备*飞利浦（PHILIPS）55PU F6092/T3 55英寸4K超高清二级能效科技感机身WIFI智能					-1250.00	13%	-162.5
合计					¥1938.79		¥252.04

价税合计（大写）⊗贰仟壹佰玖拾圆捌角叁分　（小写）¥2190.83

销售方 名称：成都
纳税人识别号：915
地址、电话：
开户行及账号：中国建设银行

备注：订单号:77287776306

收款人：京东商城　复核：　开票人：京东商城　销售方：（章）

发票专用章

图 7-2

如果发票存在如下几方面的问题是不能报销的。

- ◆ 发票的纳税人识别号错误或者无识别号。
- ◆ 发票内容为大类名称，无具体明细。
- ◆ 发票清单从其他途径开具，如 A4 纸打印。
- ◆ 发票反映的业务与实际业务不符合。
- ◆ 发票备注栏填写不全。
- ◆ 发票盖章错误、盖章模糊或者未盖发票专用章。
- ◆ 发票税率错误。
- ◆ 旧版发票。

一般开具的发票应当按照规定的时限、顺序和栏目，全部联次一次性如实开具，并加盖发票专用章。

根据相关规定，任何单位和个人不得有虚开发票的行为，不得为他人或自己开具与实际经营业务情况不相符的发票；不得让他人为自己开具与实际经营业务情况不符的发票；不得接受他人开具的与实际经营业务情况不符的发票。所以千万不要为了报账而开具虚假发票或者委托他人代开。

交易性金融资产：多余资金的蓄水池

对于工薪族来说，当每月的结余积累到一定程度，很多人就会考虑理财。市场上的理财产品很多，不同的家庭选择是不同的。

常见的理财产品无非就是债券、股票、基金和银行理财产品等，对于那些活跃在市场的债券、股票和基金，我们一般称之为交易性金融资产。

交易性金融资产对于个人和企业的意义是不一样的，看下面两个案例。

【例 1】

周先生在年初的时候收回外借给朋友装修款 10 万元。在周末和朋友聚会后，朋友推荐他购买了一款债券理财产品，债券期限 3 年，票面利率预期年化收益 1.2%，票面价格 1 000 元 / 张，持有半年后，他可以按照 10 元 / 股的价格转换成该公司的股票，该公司当前股价是 10 元 / 股。

朋友告诉他这家公司是一家潜力股，于是他投资了 5 万元，购买了 50 张，在持有半年后，该公司的股价上涨为 15 元，于是他将 50 张债券全部转换为股票并卖出，获得投资收益 1.06 万元。

【例 2】

秦先生所在的 A 公司是一家房地产上市企业，近年来经营较好，兼并项目、对外投资也较多。其中，在年初购买了 B 公司发行的债券，支付了价款 1 100 万元，支付交易费用 7.89 万元，该债券的面值为 1 000 万元，票面利率为 4%，每半年付息一次。公司将该笔债券确认为公司的交易性金融资产，并确认了投资收益 12.11 万元。

交易性金融资产是指企业以赚差价为目的，准备近期内出售而持有的债券投资、股票投资和基金投资。对于两例中的债券，都属于个人或企业的交易性金融资产，主要是用来盛放个人或者企业的多余资金的“蓄水池”，但是在个人的财务报表和企业的财务报表中，两者的核算是不一样的。

对于例 1 中个人持有的交易性金融资产的账务处理，为了便于理解，用最简单的会计分录表示。

①购买时的会计分录如下。

借：交易性金融资产——成本　　50 000

　　贷：银行存款　　50 000

②全部卖出，收到投资收益时的会计分录如下。

借：银行存款　　60 600

　　贷：交易性金融资产——成本　　50 000

　　　　投资收益　　10 600

对于例 2 中企业持有的交易性金融资产的账务处理，简单表示为如下会计分录。

①购买时的会计分录如下。

借：交易性金融资产——成本　　11 000 000

　　投资收益　　78 900

贷：其他货币资金——存出投资款　　　　11 078 900

②确认半年利息时的会计分录如下。

借：应收利息　　　　　　　　　　　　121 100

贷：投资收益　　　　　　　　　　　　121 100

对于交易性金融资产，无论是个人还是企业，核算一般分为 3 个时间段，取得、持有和处置。例 1 中对取得和处置阶段进行了核算，因为个人更看重最终收益；例 2 中只对取得和持有阶段进行了核算，还未进行最后的处置，所以处置未核算，对企业来说，持有期间的利息确认同样很重要。

一般在取得交易性金融资产时，应当按照该金融资产取得时的公允价值作为其初始确认金额。注意，有时支付价款中包含了已宣告但尚未发放的现金股利或已到付息期但尚未领取的股利，这些不能确认为交易性金融资产，而应单独列示为应收项目。

要注意，在购买交易性金融资产时支付的相关交易费用应当在发生时计入投资收益，如例 2 中的 7.89 万元。对于债券的利息收入，一般也归结在应收科目内核算。

长期股权投资：收益核算很重要

父母养大孩子以及大学毕业以后的金钱支持，都可以看作是父母的一项长期股权投资。如果你花 5 万元买了价值 2 万元的资产，买贵了；如果你花 2 万元买了 5 万元的资产，买赚了。这两种行为都是长期股权投资，并且长期股权的投资成本分别为 5 万元和 2 万元。

如果你所在的公司旗下还有 10 家子公司，公司对于这 10 家子公司的投资就是一种长期股权投资。长期股权投资一般是指通过投资取得被投资单位的股份，通过股权投资达到控制被投资单位，或对被投资单位施加重大影响，或与被投资单位建立密切关系等目的。

但要注意，除股票投资外，长期股权投资通常不能随时出售。不同的投资方式下，长期股权投资的核算是不一样的。

【例 1】

上新科技和管芯科技同为 A 公司的两家子公司，但近年来，上新科技逐渐成为市场的一匹黑马，不断发展壮大，而管芯科技相对业绩有所下滑，推出的产品在市场中反应平平。2019 年 9 月 1 日，上新科技以银行存款取得了管芯科技 60% 的股份，同日管芯科技所有者权益的账面价值为 100 万元。

【例 2】

刘先生所在的 B 公司持有 X 公司 30% 的股权，对 X 公司的财务和经营产生一定的影响。2018 年，B 公司将其账面价值为 800 万元的商品以 1 200 万元的价格出售给 X 公司，至 2018 年资产负债表日，该批商品尚未对外部第三方销售。假定 B 企业取得该项投资时，X 企业各项可辨认资产、负债的公允价值等于其账面价值，两者在以前期间未发生过内部交易。X 公司 2018 年净利润为 2 500 万元，假定不考虑所得税因素，在 2019 年，X 公司将该批商品全部对外出售并取得了销售收入 1 500 万元，同时 X 公司的本年净利润为 3 500 万元。

对于如上的两例，在对长期股权投资进行核算时，账务处理是不同的。在例 1 中，上新科技以银行存款取得了管芯科技 60% 的股份，同时管芯科技所有者权益的账面价值为 100 万元。上新科技支出的银行存款金额不同，核算是不一样的，简单说明如下。

①若上新科技支付了 50 万元，从而取得了 60% 的股份，那么此时财务人员将编写如下的会计分录。

借：长期股权投资——管芯科技（成本）　　600 000
　贷：银行存款　　500 000
　　资本公积——资本溢价　　100 000

②若上新科技支付了 80 万元，从而取得了 60% 的股份，那么此时财务人员将编写如下的会计分录。

借：长期股权投资——管芯科技（成本）　　600 000
　资本公积——资本溢价　　200 000
　贷：银行存款　　800 000

在①和②中，成本计算就是所有者权益账面价值 × 股份比例，如果是①的情况，那么买赚了，支付 50 万元，买到了 60 万元的资产；如果是②的情况，买亏了，支付 80 万元，买到了 60 万元的资产。

例 2 中的核算相对更复杂一点，不仅有长期股权投资，还实现了内外销售。我们需要先计算出几个数字，在 2018 年，B 公司将其账面价值为 800 万元的商品以 1 200 万元出售给 X 公司，那么 B 公司在该项交易中实现利润 400 万元，其中 120 万元（400 × 30%）确定为投资收益。

那么，在 2018 年的财务报表中，B 公司一般会做如下的核算。

①从 X 公司内部利润考虑，确认长期股权投资的损益调整，投资收益为 2 500 × 30%=750（万元）。

借：长期股权投资——损益调整　　7 500 000
　贷：投资收益　　7 500 000

②抵销内部交易的 120 万元（400 × 30%）投资收益。

借：投资收益　　　　　　　　　　1 200 000

　　贷：长期股权投资　　　　　　　　　　1 200 000

③对于 B 公司销售给 X 公司的商品要做成本结转，其中营业收入为 1 200 × 30%=360（万元）；营业成本为 800 × 30%=240（万元）。

借：主营业务收入　　　　　　　　　　3 600 000

　　贷：主营业务成本　　　　　　　　　　2 400 000

　　　　投资收益　　　　　　　　　　1 200 000

在 2019 年，X 公司将商品全部实现对外销售后，B 公司将做如下的核算。

①通过 X 公司当年实现的净利润，确认长期股权投资的损益调整，投资收益为 3 500 × 30%=1 050（万元）。

借：长期股权投资——损益调整　　　　　　　　10 500 000

　　贷：投资收益　　　　　　　　　　10 500 000

② 2018 年未实现而本年实现的投资收益 120 万元（400 × 30%）。

借：投资收益　　　　　　　　　　1 200 000

　　贷：长期股权投资　　　　　　　　　　1 200 000

对于长期股权投资的核算，主要是成本和收益的核算，成本简单来说就是投资了多少钱，如某公司以 200 万元取得了另一家公司 70% 的股权，这 200 万元就是该公司的投资成本。

而对于收益的核算一般分为两种情况，分别是采用成本法核算和采用权益法核算。当采用成本法核算时，作为投资方，一般会根据被投资单位宣告发放的现金股利或利润中属于本企业的部分，确定相应的收益；采用权益法核算，应根据被投资单位实现的净利润或经调整的净利润计算应享有的份额，如例 2。

公允价值变动：损益核算有妙招

20多年前，一根老冰棒0.15元，现在老冰棒1.5元；3年前购买的2 000元的手机，现在卖出市价可能在400元左右。无论是老冰棒的0.15元和1.5元，还是手机的2 000元和400元，都代表着老冰棒的价值或者手机的价值，不过是不同时期的市场价罢了。

某项资产随着时间推移，市场价格也会不断变化，但无论是过去的市场价还是现在的市场价，都代表者资产的公允价值。

公允价值会随着时间的变化而不断发生变动，这种变动我们一般称之为公允价值变动。公允价值变动的本质是某项资产在不同时间点上的公允价值的差额，如老冰棒的：1.5−0.15=1.35（元），手机的：400−2 000=−1 600（元），1.35元和1 600元都是公允价值变动的差额，这种公允价值变动的数额导致财务状况上的“损”和“益”，“损”即公允价值变动损失，“益”即公允价值变动收益。

公允价值在财务报表里属于损益类科目，在制作会计分录进行核算时，借方核算的是因公允价值变动而形成的损失金额和贷方发生额的转出额，贷方核算的是因公允价值变动而形成的收益金额和借方发生额的转出额。

李先生所在的A公司是一家上市科技企业，每年公司都会进行一定数额的对外投资。2019年3月1日，公司支付50万元，从二级市场购买了B公司发行的股票5万股，每股价格为10元，共支付了53万元，其中包括了已经宣告但尚未发放的现金股利3万元，另支付了相应的交易费用500元。

A公司将该项资产确认为交易性金融资产，3月30日收到了B公司发放的现金股利，4月30日，B公司的股票涨到了每股15元，在6月15日，A公司将持有的B公司的股票全部卖出，每股售价20元。假设不考虑其他的因素，请问A公司购买的这项资产的公允价值是“损”还是“益”？

要想确认上例中的公允价值的损或益，首先我们得明白其核算程序，根据业务的发生先后顺序，我们依次进行核算。

① 2019年3月1日，购入B公司的股票时，其中现金股利为3万元，500元交易费用冲减投资收益，具体的会计分录如下。

借：交易性金融资产——成本　　500 000

应收股利　　30 000

投资收益　　500

贷：银行存款　　530 500

② 2019年3月30日，收到B公司发放的现金股利，对应的会计分录如下。

借：银行存款　　30 000

贷：应收股利　　30 000

③ 2019年4月30日，股票价格上涨到15元时，具体的会计分录如下。

变动额 =（15−10）×50 000=250 000（元）

借：交易性金融资产——公允价值变动　　250 000

贷：公允价值变动损益——交易性金融资产　　250 000

④ 2019年6月15日，全部卖出持有的B公司股票，每股售价20元/股，总数为5万股，银行存款 =20×5=100（万元）。其中购买后上涨到15元/股，相对于成本10元/股，损益为（15−10）×5=25（万元），投资收益就为：（20−15）×5=25（万元），具体的会计分录如下。

借：银行存款　　1 000 000

贷：交易性金融资产——成本　　500 000
——公允价值变动　　250 000
投资收益　　250 000

⑤根据相关规定，在资产负债表日，将“公允价值变动损益”会计科目余额转入“本年利润”会计科目，此时对应的会计分录如下。

借：公允价值变动损益——交易性金融资产　　250 000
贷：本年利润　　250 000

结转后“公允价值变动损益”会计科目没有余额。

现在我们可以回到例 1 中的问题了，在不考虑其他因素的影响下，A 公司购买的这项资产的公允价值是“益”，即公允价值变动的收益为 24.95 万元（250 000−500）。

在计算公允价值变动损益时，我们一定要将其与投资收益相区别。一般公允价值变动损益是企业在购买某资产后，在持有期间因为价格的变动暂时形成的收益或亏损，而投资收益是处置该项资产时最终计入的收益或亏损。

如周先生花 1 万元购买了某只股票，年末市价为 1.5 万元，那么年末时的公允价值变动损益就为 5 000 元；但如果在第二年股票价格下降为 8 000 元，那么此时公允价值变动损益 5 000 元就没有了。但如果在年末以 1.5 万元卖出，那么这 5 000 元就是投资收益，就变成一种实际收入。

应付职工薪酬：工资知多少

如果你税后月薪 7 345 元，对你来说这 7 345 元就是你的工资收入；而对

于企业来说，这笔款项就是负债，计入应付职工薪酬。

我们先来做一个多选题，你认为下面的哪些项目可以计入职工薪酬？

A. 基本工资

B. 社保和公积金

C. 职工教育经费

D. 职工公寓

正确答案是ABCD。或许有人困惑，为什么职工公寓会计入职工薪酬？对于企业来说，这是支付相应成本后发放给员工的一项非货币性福利。

很多老员工都知道每个月工资收入多少，扣款多少，缴多少税，但前提是工资的浮动不大。而对于一些新员工或者工作不久的年轻人，并不一定知道自己每个月社保和公积金扣款多少，缴多少税。一般企业都会提供相应的工资条给员工，或者是工资明细表。

工资条一般可以分为纸质版和电子版两种，记录着每个员工的月收入明细和收入总额。但并不是所有单位都给员工工资条，有的单位会将工资的各项明细表发给员工，但是有的单位是没有的。根据相关规定，用人单位必须书面记录支付劳动者工资的数额、时间、职工姓名及签字等信息，并保存两年以上备查。

一般简单的工资表常包括工号、职工姓名、基本工资、职务工资、福利费、社保和住房公积金、应发工资、个人所得税以及实发工资等。

工资明细主要包括收入和扣款。收入又包括工龄工资、职务工资、级别工资、加班工资、绩效工资、各种奖金和补助等；扣款主要包括社保和公积金扣款、个人所得税及其他扣款等。

李先生所在的A公司主要做外贸进出口，李先生毕业后就在A公司工作，如今已是外贸经理，每月的收入为3万元。他按揭了一套住房，每月还款1.35万元，有一个宝宝正在读幼稚园，月缴费5 635元，每月社保和公积金扣除2 500元，每月给父母3 000元的养老费，他个人生活消费5 000元。

根据如上案例信息，我们可以计算相应的每月结余。

每月结余=30 000−13 500−3 000−5 635−2 500−5 000=365（元），但是一般情况下，我们每月的工资是需要缴纳个人所得税的。那么李先生每月需要缴纳多少个人所得税呢？根据相关规定，计税如下。

应纳税所得额＝月度收入−5 000元（起征点）−专项扣除（五险一金等）−专项附加扣除−依法确定的其他扣除

根据专项附加扣除新政策，李先生可享受住房贷款利息1 000元扣除、子女教育1 000元扣除和赡养老人2 000元扣除，他每月的应纳税额＝（30 000−5 000−2 500−1 000−1 000−2 000）×20%−1 410＝2 290（元）。

所以李先生每月还需要扣除个税2 290元，那么每月结余为−1 925元，所以李先生3万元的工资是不能满足相关支出的，这透支的1 925元应该是工资外的收入用来弥补，长远来说对于李先生家庭是不利的，可以对每月的收入和支出进行适当的调整。

对于每月缴纳多少税，不同的工资金额不一样，具体可以参考个人税率表，不同的年收入对应税率和扣除数是不同的，如表7−6所示。

表7−6　个人所得税税率表

级数	累计预扣预缴应纳税所得额	预扣率（%）	速算扣除数
1	不超过36 000元的部分	3	0
2	超过36 000元至144 000元的部分	10	2 520
3	超过144 000元至300 000元的部分	20	16 920

续表

级数	累计预扣预缴应纳税所得额	预扣率（%）	速算扣除数
4	超过 300 000 元至 420 000 元的部分	25	31 920
5	超过 420 000 元至 660 000 元的部分	30	52 920
6	超过 660 000 元至 960 000 元的部分	35	85 920
7	超过 960 000 元的部分	45	181 920

张先生的年收入是 50 万元，那么在不考虑其他专项扣除金额的前提下，总收入－纳税起征点累计额 =（500 000−5 000×12）=44（万元），属于第 5 级，那么全年应纳税额 =440 000×30%−52 920=79 080（元）。

当然如果个人的收入为劳务报酬所得、稿酬所得或特许权使用费所得，那么可参考的个人所得税的税率是不同的，其中每次收入额为预扣预缴应纳税所得额，具体如表 7−7 所示。

表 7−7　个人所得税税率表

级数	累计预扣预缴应纳税所得额	预扣率（%）	速算扣除数
1	不超过 20 000 元的部分	20	0
2	超过 20 000 元至 50 000 元的部分	30	2 000
3	超过 50 000 元的部分	40	7 000

张先生最近和朋友合作了一个小项目，项目很成功，朋友给他转账了 10 万元，那么这 10 万元该如何纳税呢？ 10−2=8（万元），那么对于这 10 万元他需要缴税：100 000×（1−20%）×40%−7 000=25 000（元）。

除了根据税率计算，一般还可以直接利用相应的个税计算器，如个人月工资为 7 500 元，社保公积金 2 000 元，专项附加扣除 4 500 元，计算结果如图 7−3 所示。

累计预扣预缴个税计算器2020			个人所得税计算结果		
收入类型	工资、薪金所得（月薪）		应纳税所得额	-4000.00元	
纳税期数	1		适用税率	3%	
本月工资	7500	元	速算扣除数	0元	
累计	7500	元	累计应缴税款	-120	元
各项社会保险费	2000	元	已缴税款	0	元
累计	2000	元	应补（退）税款	-120	元
专项附加扣除	4500	元	本月税后收入	5500	元

图 7-3

备用金：越多越好吗

在花呗和借呗之后，支付宝又推出了一个小项目：芝麻会员等级是黄金会员和信用分 650 分以上可申请备用金，并且可以 7 天免息，但是每次使用后需要交手续费 2.29 元，归还后可再次使用，如图 7-4 所示。

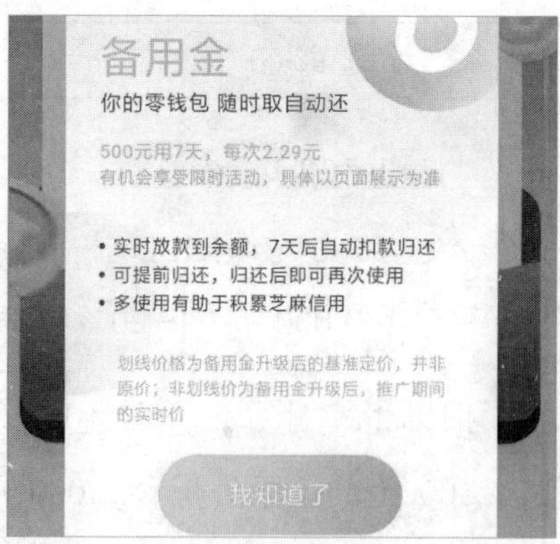

图 7-4

对于如上所示的支付宝提供的备用金，虽然金额相对较小，但是可以在某种程度上缓解资金紧张的问题。那么该如何去理解备用金呢？

根据相关定义，备用金是企业、机关、事业单位或其他经济组织等拨付给非独立核算的内部单位或工作人员备作差旅费、零星采购和零星开支等用途的款项，指定专人负责管理，按照规定用途使用，不得转借给他人或挪作他用。

【例1】

刘女士是一家公司的行政人员，平时除了基本的行政工作外，有时候还需要为公司员工订餐，每天的餐费都在700元左右。开始都是由她先垫付，但在一周后她发现，一周订餐费几乎就要耗费她一个月的工资，她问财务人员申请借款，财务人员告诉她可以每周申请一次借款，每次借款4 000元，每周报销一次，多退少补，那么她就不用自己垫付了。

【例2】

张女士在一家互联网公司做程序员，每月工资大概7 500元，每月需要缴纳社保公积金1 350元，生活消费支出1 000元，每月都会回家看望父母，并给父母生活费1 000元，其他额外开支500元，每月都会将3 000元存入银行账户，存够6个月以后就不再存入。

而在国庆黄金周出游时，她不小心摔伤了腿，不能正常上下班，于是只能停薪留职在家。她在家休息了3个月，而这3个月的生活开支以及给父母的生活费，都从存够了6个月的银行账户中提取，她打算等她再上班以后，再补齐6个月的存款。

在例1中，刘女士每周的借款就是公司的备用金，而张女士存够6个月的银行账户资金是她生活的备用金。

那么对于企业的备用金是不是越多越好呢？一般企业备用金存在3种管

理，即随借随用、用后报销和定额备用金。

中小企业一般准备 3 ～ 5 天的备用金。备用金提取金额的标准一般在 5 万元以下，银行在为企事业单位开立账户时会根据公司的规模来设定这个限额，不过目前很多银行一般都按最高的 5 万元来设置。

而对于个人的备用金，一般建议是 3 ～ 6 个月的生活开支，如例 2 中张女士银行账户资金余额就是按照“每月开支 3 000 元，存够 6 个月”的生活所需而存入的。

第 8 章

财务报表，识别虚假有方法

在纸币支付年代，虚假纸币“活跃”在市场，100 元、50 元和 20 元的最常见，因此还产生了各种假币识别方法。这个世界，任何事物都有两面，黑白对错，真真假假。

如果你是一家公司的股东，拿到公司的财务报告时第一眼看去数字很漂亮，但是你可能不知道，今年的分红并不高。如果你购买了某公司推出的理财产品，当时从财务报告上看，公司就是一只潜力股，但是购买后你发现不仅没有实现预期盈利，而且还面临亏损本金的风险。

作为股东也好，理财者也罢，你有没有怀疑过你当初拿到的财务报告有虚假，就像多年前拿到手中的 100 元是假币一样？本章就将告诉你，你拿到的财务报告是虚假还是真实。

虚假财务报表哪里来

虚假财务报表是目前某些企业存在的一种财务舞弊现象，指在会计核算或者会计报表编制的过程中违反相应的会计法规、会计准则和会计制度的规定，通过一定的方法，人为地影响了财务会计报告，从而使财务报告不能准确地反映企业的财务状况及经营成果，从而达到某种目的的行为。

那么，虚假的财务报表都是怎么形成的呢？先来看一个例子。

李先生毕业后就在一家食品公司做销售工作，每月税后工资 5 000 ~ 10 000 元，具体以当月的销售业绩为准。每月的工资卡都上交给妻子，但他还在外兼职，妻子并不知道，每月有 2 000 元进账，这 2 000 元都存入他的个人小金库。他最近将近 3 个月的收支做出统计交给妻子，然后报销，具体如表 8-1 所示。

表 8-1　个人收支表 1

个人收支表 单位（元）			
收入	12 月	11 月	10 月
工资收入	10 325	7 345	9 785
收入合计	10 325	7 345	9 785
支出			
衣	3 785	1 765	2 675
食	2 546	3 476	4 576
行	1 357	3 357	1 982

其他支出	3 821	2 821	2749
支出总计	11 509	11 419	11 982
结余	−1 184	−4 074	−2 197

从上表中我们可以看到，李先生近 3 个月来都在透支，其中 11 月透支最多，为 4 074 元，12 月透支最少，为 1 184 元。当然这个是给妻子看的，按照他的实际收入和支出情况，他近 3 个月的收支表应该是如表 8-2 所示。

表 8-2　个人收支表 2

个人收支表 单位（元）			
收入	**12 月**	**11 月**	**10 月**
工资收入	10 325	7 345	9 785
其他收入	2 000	2 000	2 000
收入合计	12 325	9 345	11 785
支出			
支出总计	11 509	11 419	11 982
结余	816	−2 074	−197

所以真实的情况是，李先生只有 11 月和 10 月透支，12 月甚至还有结余 816 元，而 11 月和 12 月的透支额度也大大减少。如果将他近 3 个月的收支看做个人财务报表，那么他提供给妻子的个人收支表 1 就是虚假的财务报表。再来看一个案例。

刘先生在一家房地产公司做策划经理，税后月收入在 2.5 万元，每月生活消费 6 000 ~ 8 000 元，房屋按揭每月还款 7 425 元，其他支出 1 000 元，每月基金定投 1 000 元，父母养老 3 000 元。其中在 11 月向他朋友借出 5 万元，用于房屋装修。他将近 3 个月的收支做了如表 8-3 所示的统计。

表 8-3 个人收支表 1

个人收支表 单位（元）			
收入	12 月	11 月	10 月
工资收入	25 000	25 000	25 000
收入合计	25 000	25 000	25 000
支出			
生活消费	7 785	8 455	6 543
房屋按揭	7 425	7 425	7 425
基金定投	1 000	1 000	1 000
父母养老	3 000	3 000	3 000
对外借款	50 000	50 000	0
其他支出	1 000	1 000	1 000
支出总计	70 210	70 880	18 968
结余	−45 210	−45 880	6 032

刘先生的近 3 个月的收支表有没有问题?

答案是有，主要问题在于“对外借款”那一栏，12 月的对外借款应该是没有的，正确的记录应该是如表 8-4 所示。

表 8-4 个人收支表 2

个人收支表 单位（元）			
收入	12 月	11 月	10 月
对外借款	0	50 000	0
支出总计	20 210	70 880	18 968
结余	4 790	−45 880	6 032

如果将例 1 和例 2 从财务角度来说明，那么例 1 主要反映了会计舞弊，例 2 主要反映了会计差错，一般虚假的财务报表都是由这两种原因形成。对于会计舞弊和会计差错简单介绍如下。

会计舞弊

会计舞弊一般理解为会计人员为了个人或单位的某种利益需要而在会计资料中作假的行为。就像例 1 中的李先生为了存小金库，而每个月向妻子隐瞒一部分收入，从而使整个收支表不符合实际。

会计舞弊包括故意篡改、伪造虚假的交易或事项，虚报或瞒报会计数据，编报多套报表，以及蓄意使用不当的会计政策等，简单理解就是财务信息故意失真。会计舞弊的行为常见如贪污公款、贪污公物、挪用资金、偷税漏税、转移财产和人为的调整财务数据等。

会计舞弊又可分为收入舞弊、费用舞弊和非经营性损益操作舞弊，其中收入舞弊常见如虚增销售收入、记录有问题的收入以及合并报表时虚增收入等；费用舞弊包括将费用资本化和人为延长摊销期限，减少摊销费用；非经营性损益操作舞弊主要体现在债务重组和无形资产、固定资产等的账务处理故意不按正确的处理方法进行。

会计差错

会计差错一般理解为会计人员在确认、计量和记录过程中，由于多种原因产生记账差错，包括重大会计差错和非重大会计差错。重大会计差错就是影响报表使用者对企业的财务状况及经营成果做出正确判断的具有重大引导的会计差错；非重大会计差错则是除重大会计差错外的其他差错。对于会计差错应具体分析，然后采取相应的措施进行及时的更正。

会计差错一般是会计确认不当、会计计量环节、会计记录错误以及其他原因导致的会计差错，如例子中刘先生将借款5万元在11月和12月都进行了记录，既是会计确认不当，也是会计计量环节出错，更是会计记录错误。

虚假报表识别方法

杨先生从招商银行取了5 000元现金，其中3 000元给乡下的父母做生活费，剩余的2 000元用作日常备用。有一天他拿出100元去菜市场买菜，但在支付时菜摊老板娘说是假币，要求他报警，并推荐他使用微信或支付宝等第三方支付平台付款。

那么，到底是老板娘搞错了，还是真的是假币呢？怎么识别假币呢？方法是很多的。对于财务报表也一样，虚假报表的识别同样有方法。

张先生家有3个兄弟，他是家中长子，他们都在外地工作，父母都留在家乡教书。春节到了，全家都聚到一起，母亲给了张先生200元，让他去准备一些简单的年货，大家一起吃个团圆饭。

在做饭前，他看了微信钱包里只有150元，家里银行卡都在妻子手上，于是他向妻子借了1 000元。由于今年新增人口较多，锅碗瓢盆都需要添置，于是购买锅碗瓢盆总计200元，买菜总计花费500元。弟弟带来自家工厂加工的大米一袋，市场价50元，饭是他和妻子一起做的，大家都赞不绝口，说和饭店的700元的大餐差不多，母亲后来给了他1 000元，他一算成本，他竟然从母亲那里赚了500元，他将钱还给母亲，母亲不要，说是给家里宝宝的压岁钱。其中厨房用具折现为5 000元。

张先生习惯性地记录平时消费，于是他将这顿饭也做成了两张简单的财务报表，不过在记录后他发现一个问题，两张报表有点不相符。

张先生将做饭前财务状况做成了资产负债表，如表 8-5 所示。

表 8-5　资产负债表

资产负债表 2020 年 1月 23 日 编制单位：　张 ×× 单位：元 币种：人民币			
项目	金额	项目	余额
资产		负债及所有者权益	
货币资金	1 350	短期借款	1 000
应收票据及应收账款	0	短期借款—妻子	1 000
流动资产合计	1 350	流动负债合计	1 000
固定资产	5 000	长期负债	0
无形资产	0	负债合计	1 000
非流动资产合计	5 000	所有者权益合计	5 350
资产总计	6 350	负债和所有者权益合计	6 350

同时他还根据此次买菜做饭的数据，做出了相应的损益表，具体见表 8-6，但是在制作损益表后，两表一比较，他总觉得有点问题。

表 8-6　损益表

损益表 2020 年 1月 23 日 编制单位：　张 ×× 单位：元 币种：人民币		
项目	期末余额	期初余额
一、营业总收入	1 000	0
其中：营业收入	1 000	0

二、营业总成本		0
其中：营业成本	500	0
税金及附加	0	0
营业费用	200	0
管理费用	1 150	0
三、营业利润（亏损以“－”号填列）		0
加：营业外收入	50	0
减：营业外支出	0	0
四、利润总额（亏损总额以“－”号填列）	−800	0
五、净利润（净亏损以“－”号填列）	−800	0

通过上表可知，最后张先生竟然还亏损 800 元，但是事实是明明他还从母亲那里净赚了几百元，那么这是怎么回事呢？

张先生在两表外，还做了简单的费用明细表，具体如表 8-7 所示。

表 8-7　费用明细表

费用明细表 2020 年 1 月 23 日 编制单位：　张 ×× 单位：元　币种：人民币		
费用明细	**支出金额**	**科目归属**
购买鸡、鸭、鱼、海鲜	400	主营业务成本
购买蔬菜	100	主营业务成本
购买锅碗瓢盆	200	营业费用
为筹划整个做饭准备的资金	1 150	管理费用
弟弟带来的大米	50	营业外收入

这就是典型的虚假财务报表，表表不符和账表不符，资产负债表和损益表不相符合，损益表中的数据与实际明细账不相符合。

其中他只确认了母亲第二次给的 1 000 元为收入，第一次给的 200 元未确认，同时他将自己微信钱包和妻子的借款都计入了管理费用，但这也属于资产，不能登记到损益表中。

对于虚假的财务报表，除了如上的表表不符、表账不符外，还存在报表附注不真实。假如张先生当天在做饭的过程中打碎了几个碗，现价 20 元，但是他并没有计入费用明细表或者财务报表中，也没有任何的备注说明，这就是报表附注不真实。

除此外还有在合并财务报表时弄虚作假，如与子公司内部进行的销售未进行抵销，采用了简单的相加，虚增了销售收入。

对于企业虚假的财务报表，一般可以采用如下几个简单的方法进行识别。

◆ 通过不同的渠道搜集同一时点的财务报表，进行异同对比。

◆ 核对各个财务报表内部平衡关系和报表之间的勾稽关系。

◆ 与掌握的企业的经营状况对比，找出关键点或者重要项目的漏洞或一些疑问点。

◆ 进行账表、账账、账证和账实核对，发现疑点。

◆ 仔细阅读会计事务所出具的审计报告。

◆ 采用不良资产、关联交易、异常利润和现金流量分析等剔除法。

当然，还可以采取分析利润的来源和时间构成、应收款项及存货分析等方法来识别是否为虚假报表。识别方法很多，关键是哪一种最适合，就好像 10 种识别假钞的方法，可能你只会用到 1/10。

子公司“吃货”的财务陷阱

怎么理解子公司“吃货”，先看两个案例。

【例 1】

在很久以前，山城下有一个城镇，城镇有 4 口人，爷爷、奶奶、妈妈和儿子，有一天发生了这样一件事。

妈妈开了一家小小的花店，读小学的儿子小陶放假在家，妈妈要去城里进货，于是要求小淘守着店铺，帮妈妈卖鲜花。鲜花都是包装好的，可以直接出售，每一束卖 10 元，今天生意清淡，从早到晚小陶只卖出了 55 束，总计收入 550 元。鲜花很漂亮，小陶送了一束给奶奶，奶奶却给了他 50 元，小陶将这 50 元一起记录到当天的收入上，凑足 600 元，后来有一天妈妈知道了这件事，将 50 元还给了奶奶，并将当初的 600 元的收入改为 550 元。

【例 2】

A 公司是一家高新科技企业，6 月在进行融资筹备中，为了美化当期财务报表，通过虚构与海外的子公司 5 的两笔销售，使销售收入增加了 8 452 美元，这两批产品对于子公司来说就是存货，这使得当期的财务报表很漂亮，到期末的时候，A 公司将这笔销售收入从账目中扣除。

从例 1 的故事来看，小陶送了一束花给奶奶，但是奶奶却用 50 元买下了，当天小陶将 50 元记录在销售收入中，但是这束鲜花从某种程度上来说可以看作是存货，只是地点转移，当天的销售收入是好看的，但最终妈妈将钱还给奶奶后，这笔收入被扣除了。如果将奶奶看成“子公司”，那么这个故事中妈妈没有退回 50 元之前的情况就是子公司“吃货”。

而例 2 就是典型的子公司“吃货”了。母公司将货物卖给子公司，虚增销售收入和账面盈余，如果到期末子公司未能将该批货物卖出，总公司再将该笔资金抵销，或者母公司在出售货品时将销售收入计入应收账款，而子公司计入库存商品，到一定时间子公司向母公司申请退货，这样应收账款会因退货而取消，这也将造成应收账款的大幅波动。

如何看子公司是否“吃货”呢？一般来说，子公司的应收账款占母公司的应收账款的比例不会太高，如果合并的财务报表中应收账款大部分来源于子公司，那么就需要引起注意。

一般可以看合并的企业资产负债表，找到应收账款的总额，如 2 000 万元，再找到其对应子公司的应收账款明细，如子公司 5 的应收账款为 1 600 万元，子公司的“应收账款 / 总应收账款”比例为 80%。如果这个比例在 80% 及以上，那么这家公司很可能在利用子公司“吃货”，虚增营收。

除此外，如果企业的应收账款收回时间较长，也可能存在子公司“吃货”的风险，需要重点关注。

虚假报表分析有门道

有一首诗歌这样写道：四六九加十一月，月月都是三十天，二十八天独二月，剩下都是三十又一天。

小时候我们可能都背诵过这首诗歌，长大后，这也作为一种“提醒”随时存在。这首诗歌告诉我们每个月都有多少天，其中 2 月是全年的“意外”。我们知道一月最长不过 31 天，但是曾经发生了这样一个故事。

刘先生所在的A公司最近又到了向股东们交出“成绩单”的时刻了。A公司是一家半导体生产企业，产品除了在国内销售，还销往亚洲其他国家以及欧美地区，而他最近的烦恼是今年收入明显下滑，特别是最后这半年。于是有副总告诉他，可以将报告期从12月31日变更到1月8日，因为这几天公司将有两笔收入入账，到时可以在很大程度上弥补收入的不足。

上例中，副总建议将报告期延长的做法如果被采用，就会形成虚假的财务报表，通过人为延长报告期，过早记录收入，从而导致做出的财务报表与实际不相符合。除了过早记录收入外，一般还存在虚增收入的情况，如虚增与子公司的销售收入，或者与子公司的内部交易不相互抵销，在合并报表时将收入简单相加等。而对于这些情况，一般可以通过分析该企业的利润来源、应收款项和存货等信息来确定是否存在虚假的销售收入。

对于收入，一般我们可以从主营业务收入、其他业务收入、营业外收入和补贴收入等入手分析。在收入的构成中，主营业务收入是重点，其他收入比例较小。

B公司是一家科技公司，主营业务是先进金属材料的研发、生产与销售，而最近一个季度实现了主营业务收入39.22亿元，相比上一季度增加14.39亿元，主营业务成本也从20.21亿元增加到29.41亿元，净利润由9 618.18万元增加到1.47亿元，详见表8-8。

表8-8　B公司最近3个季度的利润表数据

利润表 2019年9月30日 编制单位：×××科技有限公司 单位：万元　币种：人民币			
项目	2019-9-30	2019-6-30	2019-3-31
一、营业总收入	392 200	248 300	125 400

其中：营业收入	392 200	248 300	125 400
二、营业总成本	354 500	243 900	123 500
其中：营业成本	294 100	202 100	105 400
税金及附加	3 587.03	2 275.30	897.55
销售费用	10 600	6 936.74	3 333.91
管理费用	27 800	19 500	8 257.64
研发费用	12 100	8 043.25	3 687.8
财务费用	4 741.88	3 476.04	1 917.18
资产减值损失	701.75	664.65	−24.89
投资收益	4 184.75	3 174.24	−118.46
……	—	—	—
三、营业利润（亏损以“—”号填列）	16 300	10 800	6 539.73
加：营业外收入	361.8	182.54	102.39
减：营业外支出	158.19	136.04	89.70
四、利润总额（亏损总额以“—”号填列）	16 503.61	10 846.5	6 552.42
减：所得税费用	1 811.12	1 213.93	476.85
五、净利润（净亏损以“—”号填列）	14 692.49	9 632.57	6 075.57
六、每股收益（元）：	0.11	0.07	0.05
七、其他综合收益	1 126.61	578.89	15.43

一般企业都会追求利润的最大化，而企业的收入是利润的来源，所以收入也是大多数阅读财报者关注的重点，就好像人们会关注你的年收入如何。

利润表中的造假主要体现在营业收入上，主要表现为不按期地确认相关收入，将收入推迟或者延期入账；不按照合同规定记账，高估收入或者冲销相关收入；虚构交易事项，虚增主营业务收入，最终导致净利润的数据与实际不符；虚报折扣，影响销售收入等。

为了防止收入的造假，一般要求企业相关凭证都要按期入账，同时对账务发生日期进行严格的审核；要求会计人员在遵循相关会计准则和会计法规的同时，还需要遵循相应的合同法；对于入账的销售收入可以结合相关凭证或者账簿进行核对；对于销售折扣，应加强对销售人员的管理，制定严格的折扣申请审批制度，销售人员不能为了成交客户而私下乱报产品折扣。

从上述的利润表中可知，企业的主营业务收入主要来源于商品销售收入，而且销售收入在总收入中占据很大一部分，如在第三个季度，主营业务收入为 39.22 亿元，而营业外收入仅为 361.8 万元，企业的主营业务收入总体上是稳步增长的，从第一季度的 12.54 亿元增加到了第三季度的 39.22 亿元。如果企业的收入大部分来源于营业外收入，那么就代表着企业经营很可能存在一定问题或者企业的财务报表存在虚假的情况。

此外，如果企业的利润在前 3 个季度都是处于亏损或者良好的状态，而到了第四季度突然业绩暴增或者巨亏，但企业的主营业务变化又不大，那么企业的会计报表可能经过了粉饰。

如该案例中的利润表，无论是主营业务收入、成本、费用，还是净利润，都处于一种稳定上升的状态，报表看起来是没有什么问题的。当然如果还想更深一步分析，我们可以将该企业相同会计期间的现金流量表的相关数据与利润表的相关数据进行对比分析。

在利润表中，一般除了收入造假，还会存在费用及成本造假的情况，如存货成本造假、销售成本造假、各种期间费用造假、其他业务成本造假、营业外支出造假以及所得税造假等。

成本的造假主要在于存货和销售成本。一般在确认收入的同时要结转相应的成本，收入增加的同时，无论是存货成本还是销售成本都是增加的，一般都不会出现太大的波动。如上例的利润表中，营业成本和相关的费用在这 3 个季度以来都是稳步增长，未出现较大的波动。

而对于各种费用，一般管理费用和研发费用最易造假，此时可以对与费用相关的账目进行核对，并串联起来进行对比分析，看企业是否将大额的费用支出计入预付账款，或者将已经发生的费用支出以借款的形式计入其他应收款，如将企业的某笔大额费用记挂到某股东的借款上。

除此以外，还可以对企业的备用金进行审查，特别是在年底，企业如果存在大额的未清理的其他应收款，可以进行相关记录核实或者对各大报表里的项目进行核实。该企业的近 3 个季度的现金流量表具体如表 8-9 所示。

表 8-9　现金流量表

2019 年近 3 个季度的现金流量表 编制单位：××× 科技有限公司 单位：亿元　币种：人民币			
项目	2019-9-30	2019-6-30	2019-3-31
一、经营活动产生的现金流量：			
销售商品、提供劳务收到的现金	33.5	22.54	10.1
收到的税费与返还	0.215919	0.140219	0.09613
收到其他与经营活动有关的现金	3.08	0.730839	0.416319
经营现金活动流入小计	36.795919	23.411058	10.612449
购买商品、接受劳务支付的现金	21.73	14.5	6.65
支付给职工以及为职工支付的现金	5.8	4.14	2.24
……	……	……	……

经营活动现金流出小计	33.03	20.86	10.17
经营活动产生的现金流量净额（元）	3.765919	2.551058	0.442449
二、投资活动产生的现金流量：			
投资活动现金流入小计（元）	12.03	6.51	1.06
投资活动现金流出小计（元）	10.6	5.15	0.569807
投资活动产生的现金流量净额（元）	1.43	1.36	0.490193
三、筹资活动产生的现金流量：			
筹资活动产生的现金流量净额（元）	−6.25	−5.4	−3.38

通过经营活动产生的现金流量、投资活动产生的现金流量与利润表中的相关数据进行比较分析，2019 年的第三季度通过销售商品或者与销售商品相关的现金总计流入约 36.8 亿元，而在利润表中，主营业务收入为 39.22 亿元，这说明有 2.42 亿元的收入不是通过现金结算的。

其中，第三季度企业的现金净流量为 3.765919+1.43−6.25=−1.054081（亿元），第二季度为 2.551058+1.36−5.4=−1.488942（亿元）；第一季度为 0.442449+0.490193−3.38=−2.447358（亿元），而净利润分别为 14 692.49 万元、9 632.57 万元、6 075.57 万元，企业的净现金流量长期低于净利润，而在最近 3 个季度，企业的总现金净流量出现了负数，而且负数的金额在亿元以上，低于企业的净利润，这就意味着已经确认为利润项目的资产不能很好地转化为现金流的虚拟资产，企业的利润可能需要着重分析。

对于企业的销售收入，如果不能变成现金流流入企业，那么就会存在于应收账款中；如企业通过虚开购货发票增加销售收入，同时增加销售成本，并将收入计入应收账款中，这将直接导致存货、存货周转率的异动，所以可以对企业的存货情况进行审查，如原材料、产成品和包装物等的核对检查。那么我们该怎么去看企业的存货是否造假呢？

◆ 分析存货与总资产的占比，一般来说存货占总资产的比例应该是相对稳定的，如果该比例忽高忽低或者波动剧烈，可以看看企业是否有随意删减存货的情形。

◆ 存货周转与销售增长相匹配。如果企业的存货周转率变低，存货周转时间长，但企业的销售收入却大幅增长，可能出现单次周转时销售收入较大，但具体如何，还是需要重点关注细节，分析异常。

◆ 看存货里是否有营业成本的项目，如企业造假的话，一般会将本应计入营业成本的项目计算到存货里，从而导致存货和营业成本出现异常，使企业的毛利也增加；如果企业的销售收入没有增加，但毛利却大幅增加，就需要引起重视，看企业是否对成本进行了人为调整。

◆ 对于一些特殊的行业，如养殖业，存货容易受到外界的影响和人为的改动，如鱼类养殖公司，存货就是鱼类，如果最开始时多报数据，则在年底时找外在的原因或人为操作将当初多报的数量清除，这也是存货造假。这就要求不管各行各业，对存货都要进行准确的计量。

同样以 B 公司为例，通过 B 公司的近 3 个季度的资产负债表，如表 8-10 所示，看存货是否存在造假的问题。

表 8-10　B 公司最近 3 个季度的资产负债表

资产负债表 2019 年 9 月 30 日 编制单位：××× 科技有限公司 单位：亿元　币种：人民币			
项目	2019-9-30	2019-6-30	2019-3-31
流动资产			
货币资金	11.13	10.54	9.96
存货	16.06	15.44	15.72
……	–	–	–

流动资产合计	46.13	45.05	46.47
长期股权投资	0.644886	0.648639	0.664808
……	–	–	–
非流动资产合计	47.63	47.7	49.31
资产合计	93.76	92.75	95.78

根据上表，存货在每一个季度都是可以准确计量的，在 3 个季度中的金额分别为 15.72 亿元、15.44 亿元、16.06 亿元，而总资产分别为 95.78 亿元、92.75 亿元、93.76 亿元，因此可得出，存货占总资产的比例分别为：16.41%、16.65%、17.13%，由此可知 3 个季度以来，存货占总资产的比例是相对稳定上升的，3 个季度以来未出现忽高忽低或者波动剧烈。

根据相关财务指标，分析经营情况是否异常，见表 8–11。

表 8–11　B 公司主要财务指标

项目	2019–9–30	2019–6–30	2019–3–31
净利润	1.13 亿	7319.53 万	5467.11 万
营业总收入(元)	36.22 亿	24.83 亿	12.54 亿
销售毛利率	18.81%	18.59%	15.94%
营业周期(天)	232.90	224.10	222.12
存货周转率(次)	1.85	1.30	0.67
存货周转天数(天)	194.59	276.92	537.31

根据上表的数据，存货的周转和销售收入、净利润的增加是相匹配的，销售收入在增加，同时企业的存货周转率也在提高，销售毛利率也在稳步增加，这说明企业对于存货及成本的管理是有效的。